Golfo di
Manfredonia
Trani
Molfetta
Bari
4
Mola di Bari
Monopoli
3
Adelfia
Gioia
d. Colle
APULIEN
Fasano
2
Ostuni
Alberobello
Brindisi
1
Matera
A14
Martina Franca
Palagiano
Latiano
Squinzano
Canale di Otranto
Taranto
Sava
Veglie
5
Lecce
Basento
Metaponto
Galatina
Otranto
6
Nardò
Agri
Eraclea
Gallipoli
Casarano
Nova Siri Scalo
Tricase
8
Golfo
di Taranto
Capo S. Maria
di Leuca
Cassano
allo Jonio
Parco Archeologico
di Sibari
A3
Corigliano Calabro
Rossano
KALABRIEN
Parco Naz.
della Sila
S. Giovanni in Fiore
Rogliano
Crotone
Petilia
Policastro
Parco Archeologico
di Capo Colonna
Catanzaro
A3
Golfo di
Squillace
Girifalco
Soverato
La Certosa
Polistena
Stilo
M.-Marina
Cittanova
FRANK-
REICH
DEUTSCH-
LAND
TSCHECHISCHE
REP.
SLOWAKEI
ÖSTER-
REICH
SCHWEIZ
LIE.
UNGARN
SLOWENIEN
KROATIEN
MONACO
SAN
MARINO
BOSNIEN-
HERZEG.
MONTENEGRO
ITALIEN
Mittelmeer
Tunesien
MALTA

APULIEN
Basilikata · Kalabrien

DIE AUTORIN

Susanne Kilimann lebt in Berlin, arbeitet als Autorin und Journalistin und berichtet für Radiosender, Zeitungen, Magazine und Reisebuchverlage vor allem aus südeuropäischen Ländern. Zu Italien hat sie eine besondere Beziehung, seitdem sie in Florenz gelebt, gearbeitet und Italienische Literatur studiert hat. Inzwischen führen sie Recherchereisen in viele Winkel der Welt, mindestens einmal im Jahr aber tankt sie das unvergleichliche Lebensgefühl von Bella Italia nach. Am liebsten ganz tief im Süden.

www.vistapoint.de

Inhalt

Top 10 & Willkommen

Chronik

Stadttour Matera mit Detailkarte

Vista Points

Service von A bis Z

Sprachführer

Extras – Zusatzinformationen

Zeichenerklärung

10 **Top 10**
Das müssen Sie gesehen haben, siehe vordere innere und hintere Umschlagklappe.

Vista Point
Reiseregionen, Orte und Sehenswürdigkeiten

Symbole
Verwendete Symbole siehe hintere innere Umschlagklappe.

Kartensymbol: Verweist auf das entsprechende Planquadrat der ausfaltbaren Karte bzw. der Detailpläne im Buch.

Willkommen in Apulien, der Basilikata und Kalabrien

Wer Italien und italienischen Lebensstil schätzt – die Sonne, das Essen, die warmherzigen Menschen, die temperamentvolle Kommunikation –, der wird sich in den Süden verlieben. An Sporn und Absatz, Sohle und Spitze des Stiefellandes ist vieles, was Italien ausmacht, noch intensiver. Hier brennt die Sommersonne heißer, hier strotzen die Speisen vor mediterranen Aromen und bisweilen vor Peperoni-Schärfe, hier sind die Weine tiefrot und schwer und die Menschen meistern den Alltag samt seiner Krisen mit mediterraner Gelassenheit und ungebändigter Lebenslust.

Für einen gelungenen Urlaub mit der ganzen Familie bieten Apulien, die Basilikata und Kalabrien beste Voraussetzungen. Insgesamt 1600 Küstenkilometern warten mit abwechslungsreicher Kulisse auf, halten mit lauschigen, felsengerahmten Buchten und ausgedehnten Sandstränden Badeplätze für jeden Geschmack parat. Surfer, Segler, Taucher – alle finden das passende Revier. Die landschaftliche Vielfalt hinter den Küsten reicht von den sanften, mit duftender Macchia bedeckten Hügeln Apuliens, von gepflegten Weinbergen, uralten Olivenhainen und schier endlosen Weizenfeldern, in denen im Frühling

der rote Mohn leuchtet, bis hin zur Bergwelt der Basilikata und Kalabriens, die mit dichten Wäldern, malerischen Talschluchten, rauschenden Wildflüssen, blühenden Wiesen und schneebedeckten Zweitausender-Gipfeln besticht.

Italiens Süden empfiehlt sich aber nicht nur mit Bade- und Wanderfreuden. Die drei Regionen sind reich gefüllte Schatzkammern der Geschichte. Lange bevor die Griechen im 8. Jahrhundert v. Chr. an den Küsten Kalabriens siedelten und Städte gründeten, die zu blühenden Zentren der Antike avancierten, prägten Völker wie Daunier, Lukanier und Bruttier dieses Land. In unzähligen archäologischen Stätten und Museen trifft man auf die faszinierenden Hinterlassenschaften längst vergangener Kulturen. Die Erinnerung ans Mittelalter halten byzantinische Höhlenkirchen in der Basilikata wach, ebenso die himmelstürmenden Normannenkathedralen an der Costa di Bari und die trutzigen Stauferburgen, die, wie das weltberühmte Castel del Monte, so manchen Hügel krönen.

Eine erstaunliche Wandlung vom »Schandfleck der Nation« zum Welterbe der UNESCO mit attraktiven Hotels und Restaurants hat die Höhlenstadt Matera hinter sich. 2019 machte sie mit einem bodenständigen Konzept als Kulturhauptstadt Europas von sich reden. Ganz egal, ob es Sie nun in die Berge oder ans Wasser zieht, in quirlige Städte oder abgelegene Dörfer – eines scheint gewiss: Italiens Süden wird Sie bezaubern.

Die hervorragend erhaltene Altstadt von Ostuni im Abendlicht (Apulien)

Daten zur Geschichte

Steinzeitliche Felsritzzeichnungen in der Grotta del Romito (Kalabrien)

200 000–ca. 31 000 v. Chr. Besiedlung durch Neandertaler. Das rund 200 000 Jahre alte Skelett des »Mannes von Altamuro« (Apulien) gilt als evolutionäres Bindeglied zwischen dem Frühmenschen Homo Erectus und dem Neandertaler.

Ca. 20 000–8000 v. Chr. Vertreter der Gattung Homo sapiens besiedeln das Gebiet; in der Grotta del Romito (Kalabrien) zeugen Bestattungsstätten und Felsritzzeichnungen vom sozialen Leben und dem künstlerischen Schaffen in der Frühzeit des modernen Menschen.

3.–1. Jtsd. v. Chr. Volksstämme aus dem indoeuropäischen Raum besiedeln das Gebiet des heutigen Italien. Illyrer wandern aus dem Balkan nach Apulien ein. Es gibt enge Kontakte mit Mykene, einer der wichtigsten Städte des vorklassischen Griechenlands. Weite Teile der heutigen Regionen Apulien, Basilikata und Kalabrien werden im 2. Jahrtausend v. Chr. von den Enotrern besiedelt. Legenden ranken sich um den Enotrer-König Italos, unter dem das vermutlich ebenfalls von Balkan stammende Nomadenvolk sesshaft wurde. Von seinem Namen leitet sich Italien ab. Aus Kleinasien stammende Lyker lassen sich ab 1300 v. Chr. in der Basilikata nieder; ab 1200 v. Chr. breiten sich drei große Volksstämme in Apulien aus: die Daunier im Norden, die Peuketier in der Gegend von Bari, die Messapier im Süden (Salento).

Ab dem 8. Jh. v. Chr. Griechen kolonisieren Süditalien, das griechische Mutterland und die Kolonien bilden die »Magna Graecia« (Großgriechenland) mit florierenden Stadtstaaten; in Apulien verhindern Peuketier und Messapier die Ansiedlung griechischer Kolonialisten.

Griechischer Henkelkrug aus Tarent (5. Jh. v.Chr.)

Ab dem 5. Jh. Kriegerische osko-samnitische Stämme (Lukanier und Bruttier) dringen nach Süditalien vor. Zur Verteidigung ihres Territoriums bilden die griechischen Stadtstaaten 374 v. Chr. unter Führung Tarents (Tarantos) den »Italiotischen Bund«.

3. Jh. v. Chr. Die Römer unterwerfen Süditalien, Ende der »Magna Graecia«.

2. Jh. v. Chr. Roms Herrschaft über Süditalien ist gefestigt; Brundisium (Brindisi), Endpunkt der Via Appia, ist Roms wichtigster Adria-Hafen.

1. Jh. v. Chr. Die süditalienischen Städte erhalten römisches Bürgerrecht.

Pyrrhos auf einer griechischen Münze aus dem 3. Jh. v. Chr.

1. Jh. n. Chr. Unter Kaiser Augustus ist Süditalien in die Herrschaftsbereiche *Regio Apulia et Calabria* (heute Apulien) und *Regio Lucania et Brutii* (heute Basilikata und Kalabrien) eingeteilt. Im Jahr 56 predigt Apostel Paulus in Rheggion (Reggio Calabria).

395 Nach der Teilung des Römischen Reiches in West (Rom) und Ost (Byzanz) fällt Süditalien an Byzanz.

5.–8. Jh. Mit der Plünderung Roms durch die Westgoten im Jahr 410 ist der Untergang des west-römischen Reiches besiegelt. Süditalien wird zeitweise von Westgoten, Langobarden und Arabern besetzt.

800 Nach seiner Eroberung des Langobardenreichs, das sich über weite Teile Italiens erstreckt, wird Karl der Große zum römischen Kaiser gekrönt.

8.–10. Jh. Byzanz verteidigt seinen Machtanspruch in Süditalien; Bari und Tarent werden zeitweise von arabischen Emiren beherrscht, im 10. Jahrhundert erobern die Byzantiner die Städte zurück. Bari wird wichtiges byzantinisches Verwaltungszentrum, der Orienthandel floriert.

11.–12. Jh. Normannen kommen Anfang des 11. Jahrhunderts als Söldner ins Land. In zwei Generationen unterwerfen sie Süditalien und Sizilien. Roger II. vereint die normannischen Herzogtümer 1131 zum Königreich mit Palermo als Hauptstadt.

1194 Mit der Krönung des römischen Kaisers Heinrich VI. zum König der »Monarchia Sicula« in Palermo beginnt die Herrschaft der Staufer in Süditalien.

Ende 12.– Mitte 13. Jh. Heinrichs Sohn Friedrich II. (1194–1250) macht aus seinem Reich, das er vorzugsweise von Apulien aus regiert, einen für die damalige Zeit modernen Staat, fördert Wissenschaften und Künste, toleriert andere Religionen und Kulturen. Ab 1265 machen die französischen Anjou den Staufern das Territorium streitig.

1266 Der Tod von Friedrichs Sohn und Thronfolger Manfred in der Schlacht von Benevent beendet die Staufer-Ära. 1268 übernimmt Karl I. von Anjou das Königreich Sizilien, zu dem auch das süditalienische Festland gehört.

1282 Ein Aufstand gegen Karl von Anjou (»Sizilianische Vesper«) in Palermo führt zur Ermordung der auf Sizilien lebenden Franzosen. Das blutige Ereignis läutet das Ende der französischen Herrschaft auf der Insel ein. Der sizilianische Adel macht Pedro III. von Aragon, den Schwiegersohn des getöteten Staufers Manfred, zum König von Sizilien – das süditalienische Festland bleibt unter der Herrschaft des Hauses Anjou und bildet das Königreich Neapel.

14. Jh. Die feudalistische Herrschaft der Anjou führt zur Verelendung der Bevölkerung.

1442 König Alfons V. von Aragon erringt die Herrschaft über Neapel. Der Spanier vereinigt die Königreiche Neapel und Sizilien wieder und regiert fortan als Alfons I. Als es zu Aufständen kommt, nimmt er die Hilfe des albanischen

Stauferkaiser Friedrich II. (Illustration aus dem Falkenbuch Friedrichs II.)

Heerführers Georg Kastriota an. Aus Dankbarkeit gewähren die Aragonesen Albanern in der 2. Hälfte des 15. Jahrhunderts Asyl, als diese vor türkischen Eroberern fliehen.

16. Jh. Karl III. von Frankreich versucht, den Aragonesen Süditalien zu entreißen. Die Spanier eilen dem Aragon-König zu Hilfe und übernehmen 1503 die Herrschaft über das Königreich Neapel. Süditalien und Sizilien werden zu Provinzen des spanisch-habsburgischen Weltreichs; Juden werden vertrieben.

Ab 1600 Aufstände gegen die absolutistische Herrschaft der Spanier, die die unteren Gesellschaftsschichten verelenden lässt.

1707–34 Im Spanischen Erbfolgekrieg wird Süditalien von den Österreichern besetzt – das Königreich Neapel fällt schließlich an die österreichischen Habsburger.

1734 In der Schlacht bei Bitonto besiegt die spanische Armee die Österreicher, die Spanier setzten ihren Herrschaftsanspruch über Süditalien durch.

1735 Karl von Bourbon, ein Sohn des spanischen Königs, erhält das Königreich Neapel und Sizilien.

1806 Napoleons Truppen besetzten Neapel.

1808 Joachim Murat, Napoleons Schwager, wird König von Neapel.

1815/16 Der Wiener Kongress setzt erneut die spanischen Bourbonen als Herrscher über die Königreiche Neapel und Sizilien ein.

1860 Garibaldi und seine Unabhängigkeitskämpfer beenden die Herrschaft der Bourbonen.

1861 Nationale Einigung und Gründung des Königreichs Italien.

Um 1900 Im vereinten Italien verschärft sich die wirtschaftliche Benachteiligung des Südens noch. Millionen Süditaliener wandern aus, die meisten nach Amerika. Die anhaltende Armut und die Enttäuschung über den Nationalstaat und seine Institutionen lässt Mafia-Strukturen erstarken.

1908 Ein verheerendes Erdbeben legt Reggio Calabria in Schutt und Asche.

1922 Der faschistische Diktator Benito Mussolini kommt an die Macht.

1935 Die Faschisten verbannen den politisch missliebigen Turiner Arzt, Maler und Schriftsteller Carlo Levi in die rückständige Basilikata.

1939–45 Hitler und Mussolini schließen einen Bündnispakt.

1940 Italien tritt an der Seite Nazi-Deutschlands in den Zweiten Weltkrieg ein.

1943 Die Alliierten bombardieren Städte in Apulien und Kalabrien. Die Amerikaner landen in Süditalien. Der Faschistische Rat setzt Mussolini ab, Italien erklärt Deutschland den Krieg.

1946 Italien wird Republik.

Ab 1950 Trotz (halbherzig durchgeführter) Landreform in Süditalien und der »Cassa per il Mezzogiorno«, einem Wirtschaftsförderprogramm, bleibt der Aufschwung im Süden aus, wieder emigrieren Millionen Süditaliener, viele gehen als »Gastarbeiter« in die Bundesrepublik Deutschland.

1990er Jahre Der Bau-Unternehmer Silvio Berlusconi baut sein politisches Netzwerk auf, bringt einen Großteil der Medien in seinen Besitz. 1994 wird er als Chef einer populistischen Partei namens »Forza Italia« (Auf geht's Italien) erstmals Ministerpräsident. Mehrere Wiederwahlen folgen.
Ein Flüchtlingsstrom – vor allem aus den ehemaligen Ostblockstaaten, in den 2000er Jahren verstärkt auch aus Afrika – erfasst Italien.

2008/09 Italiens Wirtschaft gerät durch die weltweite Wirtschaftskrise in eine Abwärtsspirale.

2011 Der langjährige, skandalbehaftete Regierungschef Berlusconi tritt angesichts der Wirtschaftskrise zurück. Der parteilose Mario Monti übernimmt das Amt und bringt Italien auf Sparkurs.

2012 Wegen mafiöser Durchsetzung entlässt der italienische Ministerrat den Stadtrat von Reggio Calabria.

2019 Matera ist – zusammen mit dem bulgarischen Plowdiw – Kulturhauptstadt Europas.

2021 Mario Draghi, der parteilose Ex-Chef der europäischen Zentralbank, wird zum Ministerpräsidenten gewählt.

2022 Im Juni speist der erste Windpark im Mittelmeer, der etwa 100 Meter vor der Küste und dem Hafen von Taranto gelegene Offshore Windpark Beleolico, den ersten Windstrom in das italienische Netz ein.
Im Sommer kommt es zum Streit zwischen den Mitte-Links-Parteien, die das von Mario Draghi geführte Regierungsbündnis bilden. Nach Draghis Rücktritt finden Neuwahlen statt. Mit Giorgia Meloni von der postfaschistischen Partei Fratelli d'Italia (Brüder Italiens) wird erstmals eine Frau Regierungschefin in Italien. Meloni steht einer rechtskonservativen Regierung vor, die auf einer Koalition ihrer Partei mit der Lega des rechtspopulistischen Matteo Salvini und der konservativen »Forza Italia« beruht.

2023 Im Juni stirbt Silvio Berlusconi 86-jährig.
Trotz Melonis Ankündigung, härter gegen Migration vorzugehen, ist der Zustrom ungebremst. Meloni appelliert an die EU, Italien in dieser Situation zu unterstützen. Gleichzeitig verfolgt die Regierungschefin ihre Ziele beim Abbau der Sozialleistungen. Von den drastischen Kürzungen ist vor allem der Süden des Landes betroffen, wo die Arbeitslosigkeit exorbitant hoch ist (In Kalabrien über 60%).
Im November findet im kalabrischen Lamezia Terme einer der größten Mafia-Prozesse der Geschichte statt. Rund 200 Mafiosi werden insgesamt zu hohen Gefängnisstrafen verurteilt – u. a. wegen Drogenhandel, Geldwäsche, Erpressung, versuchtem Mord. ■

Ein Rundgang durch die Höhlenstadt

Vormittag: Durch den Sasso Barisano
Piazza Veneto – Chiesa San Petro Barisano – Via della Madonna delle Virtù – Kathedrale Madonna della Bruna.

Mittag
Osteria Pico, Via Fiorentini 42 ➡ cB2 (vgl. S. 17).

Nachmittag: Durch den Sasso Caveoso
Kathedrale Madonna della Bruna – Skulpturenmuseum MUSMA – Chiesa San Pietro Caveoso – Grottenkirche Madonna de Idris – Archäologisches Museum – Via Beccherie.

Durch den Sasso Barisano (nördliche Altstadt)

❶ **Matera** ➡ C6 gilt als eine der ältesten Städte der Welt. Bereits im 8. Jahrtausend v. Chr. haben Menschen in dieser Gegend dauerhaft gesiedelt. Die Bedingungen waren ideal. Die Stadt liegt auf einem Kalksteinplateau, das sich vor Jahrmillionen aus dem Meer erhoben hat und von tiefen Schluchten – den *Gravine* – durchzogen wird. Durch Erosion bildeten sich Grotten in dem porösen Stein – perfekte Behausungen

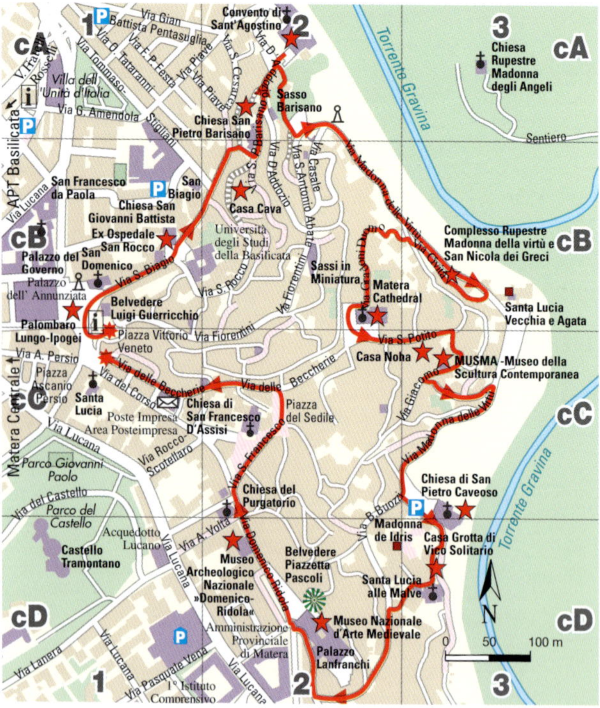

Vom »nationalen Schandfleck« zum UNESCO-Weltkulturerbe: die Sassi di Matera

in der Altsteinzeit. Im Mittelalter gestalteten sich die Menschen die Felsenlandschaft nach ihren Bedürfnissen – sie schlugen Wohnräume, Ställe und auch Kirchen direkt in das weiche Gestein. *Sassi* (Steine) werden die in einer trichterförmigen Vertiefung liegenden Altstadtgebiete Materas deshalb genannt. 1663 wurde Matera, das bis dahin zu Apulien gehörte, Hauptstadt der Region Basilikata. Daraufhin setzte ein Bauboom ein. Auf dem Hochplateau entstand di *città del piano*, eine Neustadt mit stattlichen Barockbauten. In den Sassi blieben nur die Armen zurück – Hirten, Landarbeiter, die meisten davon Tagelöhner. Noch bis Mitte des 20. Jahrhunderts lebten die Menschen in den Sassi unter unsäglichen hygienischen Bedingungen. Nach dem Zweiten Weltkrieg sorgten die rückständigen Quartiere für Skandale, galten als »Schandfleck der Nation«. Die Regierung ordnete die Evakuierung der Sassi an, Anfang der 1960er Jahre wurde die letzte Höhlenwohnung geräumt. Mehr als zwei Jahrzehnte lang blieb das historische Zentrum verwaist. Die Sassi verkamen zum Treffpunkt für Junkies, wurden sogar als Müllkippe missbraucht. Erst ab Ende der 1980er Jahre wurde das Herz der Altstadt wiederbelebt, Höhlenwohnungen in schicke Bars und Läden, Hotels und Restaurants umgewandelt. Seit 1993 steht Materas Altstadt auf der UNESCO-Welterbeliste. Als Kulturhauptstadt 2019 hat sich die Stadt mit dem Phänomen des Overtourism auseinandergesetzt. Mit einem speziellen Programm will man Besucher animieren, bewusster und mit mehr Muße zu reisen.

Die **Piazza Vittorio Veneto** ➜ cB/C1 am Schnittpunkt von Neustadt und Altstadt bietet sich als Ausgangspunkt für einen Streifzug durch den Sasso Barisano, den nördlichen Teil der Altstadt, an. An ihrer Westseite wird die Piazza von dem mächtigen **Palazzo dell' Annunziata** ➜ cB1, einem ehemaligen Kloster, flankiert. In einem Gebäudeflügel sind heute die Stadt-Bibliothek und ein Café untergebracht. Die Einkehr lohnt, vor allem bei schönem Wetter. Weil der oberen der beiden Café-Etagen das Dach fehlt, sitzen Gäste dort unter freiem Himmel mit tollem Altstadtpanorama. Der barocke **Palazzo del Governo** an der Nordseite des Platzes gehört ebenfalls zum einstigen Klosterkomplex. Heute hat hier die Stadtverwaltung ihren Sitz. Direkt nebenan erhebt sich die Kirche **San Domenico** (13. Jh.) und auf der gegenüberliegenden Seite die hübsche kleine Kapelle Materdomini (17. Jh.).

Vor dem Altar der prächtigen Kathedrale Madonna della Bruna

Gleich neben Materdomini biegen wir in die Arkaden ein – wo uns der Sasso Barisano zu Füßen liegt. Als man Ende des 19. Jahrhunderts die Piazza V. Veneto anlegte, wurde ein Teil der Altstadt mit Erde aufgeschüttet. Über 100 Jahre später wurden Teile davon wieder freigelegt – zum Vorschein kamen Ladenlokale und gewaltige Zisternen. Die Anlagen (**Palombare Lungo – Ipogei**) können besichtigt werden, der Eingang befindet sich mitten auf dem Platz.

Am nördlichen Rand der Piazza führt die Via San Biagio zur Kirche **San Giovanni Battista** ➡ cB1. Sie stammt aus dem frühen 13. Jahrhundert und ist, obwohl im Laufe der Jahrhunderte einige bauliche Veränderungen vorgenommen wurden, eines der schönsten Beispiele für Kirchenbau im romanisch-apulischen Stil. Von höchster Bildhauerkunst zeugt das Portal an der Längsseite mit seinen filigranen Ornamenten. Ein Blick ins Innere (leider nur zu Gottesdienstzeiten möglich) lohnt unbedingt. Nachdem 1926 der Barockschmuck entfernt wurde, umfängt San Giovanni Battista Besucher nun wieder mit der schlichten Eleganz romanischer Kirchen.

Wir folgen der Straße ein kleines Stück und steigen nach etwa 100 Metern eine Treppe hinab, die in den **Sasso Barisano** führt. Unser Ziel ist die Kirche **San Pietro Barisano** ➡ cA2, deren Glockenturm mit pyramidenförmiger Spitze man schon von Weitem sieht. Die Architektur verdeutlicht, wie man einst in Materas Altstadt baute. Um das Jahr 1000 herum wurde der Kirchenraum direkt in den Felsen gehauen, im 18. Jahrhundert hat man eine Tuffstein-Fassade im Stil des Barock davor gesetzt. Nur ein paar Schritte weiter, ebenfalls an der Via San Pietro Barisano, liegt **Casa Cava** ➡ cB2, ein Kulturzentrum. Hinter schlichter Fassade verbergen sich aus dem Tuffstein gehöhlte Räume. In vergangenen Jahrhunderten dienten sie als Wohnraum für Mensch und Tier, nach der Räumung der Sassi zeitweise als Müllgrube. Mittlerweile wurde alles gründlich saniert. Der große Saal überrascht mit ausgezeichneter Akustik, hier finden häufig Konzerte statt.

Wir folgen der Straße in nördlicher Richtung und biegen am Ende links in die Via d'Addozio ein, die zur Klosteranlage **Sant'Agostino** ➡ cA2 am Nordrand des Sasso Barisano führt. Von dem romanischen Originalgebäude (10. Jh.) ist nichts mehr zu sehen. Heute präsentiert sich die Anlage so, wie sie Baumeister im 16. und im 18. Jahrhundert, nach dem katastrophalen Erdbeben von 1734, gestaltet haben. Im 19. Jahrhundert haben die Augustiner dieses Kloster aufgegeben. Heute hat hier die Kulturbehörde der Basilikata ihren Sitz.

Treppen führen hinauf zur Via Madonna delle Virtù. Sie führt am Rande der Schlucht (Gravina di Matera) entlang und bietet ein spektakuläres Panorama. Bald erreichen wir die mittelalterlichen Höhlenkirchen **Madonna delle Virtù** und **San Nicola dei Greci** ➡ cB3 mit bewunderungswürdigen Fresken. An dieser Stelle sieht Matera richtig biblisch aus, das bewog US-Regisseur Mel Gibsons dazu, hier Szenen seines Films »Die Passion Christi« (2004) zu drehen.

Über die Via Cività und die Via Gradoni Duomo gelangen wir zur **Kathedrale Madonna della Bruna** ➡ cB2. Materas Hauptkirche überragt die Altstadt und egal, auf welchem Treppenweg man sich nähert, das Ziel kann man gar nicht aus den Augen verlieren. Auf der **Piazza Duomo** bietet sich ein schöner Blick über den Sasso Barisano, etliche Ausgrabungsfunde haben den Archäologen gezeigt, dass die Piazza schon in vorgeschichtlicher Zeit ein stark frequentierter Ort gewesen ist. Die 1270 geweihte Kirche präsentiert sich nach langjähriger Restaurierung wieder als Paradebeispiel der apulischen Romanik. Typisch für diesen Baustil sind die imposante Fensterrose sowie Seitenschiffe mit ausladenden, stark abfallenden Dächern, die das hohe Hauptschiff flankieren. Innen, in der ersten Kapelle des linken Seitenschiffes, findet sich ein byzantinisches Fresko, das von der Wand gelöst und in einen Silberrahmen umgesetzt wurde. Es zeigt die von vielen Einheimischen verehrte Madonna della Bruna, der die Kirche geweiht ist. Lust auf eine Mittagspause? Sehr gut sitzt und isst man in der Osteria Pico, Via Fiorentini 42 (vgl. S. 17), unterhalb der Kathedrale.

Durch den Sasso Caveoso (südliche Altstadt)

Weiter geht es ab der Piazza Duomo. Dort nehmen wir die Unterführung auf der rechten Seite des Platzes und erreichen die Via San Potito. Nach etwa 20 Metern führen die Treppen des Recinto Cavone zur Casa Noha hinab. Drinnen veranschaulichen Filmdokumente und Fotografien Materas faszinierende Geschichte. Ebenfalls am Recinto Cavone liegt das **Skulpturenmuseum MUSMA** ➡ cC3 im stattlichen Palazzo Pomarici (18. Jh.). Freskengeschmückte Säle und in den Fels geschlagene Räume bieten die Kulisse für moderne Skulpturen. Weiter geht es auf der Via San Giacomo und dann auf der Via Sant' Angelo – hinauf zur Via Madonna delle Virtù. Der Panoramastraße folgen wir bis zur Kirche **San Pietro Caveoso** ➡ cC3, die spektakulär über der Gravina errichtet wurde. Im 17. Jahrhundert erschien das ursprüngliche Gotteshaus aus dem frühen 13. Jahrhundert Materas Bewohnern zu klein und zu schlicht. Man

Am Rande der Schlucht Gravina di Matera: das barocke Gotteshaus San Pietro Caveoso

riss die alte Kirche ab und baute aus dem gleichen Material eine neue Kirche mit Seitenkapellen, Campanile und Barockfassade. Neben San Pietro ragt der Felsen Monte Erone mit der Grottenkirche **Madonna de Idris** ➡ cD2 auf. Auch hier lohnt ein Blick ins freskengeschmückte Innere. Ein schmaler Felsengang verbindet die Kirche mit der Kapelle San Giovanni in Monterrone – ein wahres Kleinod der Grottenkirchenarchitektur mit Wandmalereien aus dem 11. Jahrhundert.

Wenige Schritte entfernt gewährt die **Casa Grotta** ➡ cD3 Einblicke in den Alltag einstiger Sassi-Bewohner. Die Höhlenwohnung, heute ein Museum, wurde bis 1956 bewohnt – von einer Großfamilie und ihren Tieren. Für Wärme sorgte der fermentierende Mist von Esel, Hühnern und Schwein; fließendes Wasser gab es nicht.

Am Ende der Gasse liegt **Santa Lucia alle Malve** ➡ cD3, eine der ältesten Höhlenkirchen Materas. Der Höhlenkomplex mit den drei Kirchenschiffen wurde ab dem 9. Jahrhundert aus dem Felsen geschlagen. Später, noch bis 1960, dienten das mittlere und das linke Kirchenschiff als Wohnraum und Stall, wodurch besonders die Fresken gelitten haben. Ein Teil des Wandschmucks konnte durch sorgsame Restaurierung gerettet werden.

Nun folgen wir der Via Buozzi mit ihren interessanten Ateliers und Geschäften, biegen an ihrem Ende rechts in die Via Casalnuovo und erreichen kurz darauf die Piazza Pascoli mit dem **Palazzo Lanfranchi** ➡ cD2. Im 17. Jahrhundert als Priesterseminar errichtet, beherbergt er heute eine Gemäldesammlung mit mittelalterlicher und moderner Kunst. Hier hängen auch Bilder von Carlo Levi (1902–75). 1935 hatten Italiens Faschisten den politisch unbequemen Turiner Arzt, Schriftsteller und Maler in die Basilikata verbannt. In seinem Exil wurde Levi schon bald verehrt. Sein 1946 erschienener Roman »Christus kam nur bis Eboli« brachte in der Nachkriegszeit die Problematik der rückständigen Lebensverhältnisse in diesem Teil des Landes auf die politische Agenda.

Der Spaziergang setzt sich auf der von Kirchen und Palazzi gesäumten Via Domenico Ridola fort. Das ehemalige Klarissenkloster ist heute ein **Archäologisches Museum** ➡ cD2 und bietet Gelegenheit, sich ein Bild von steinzeitlicher Kultur in der Gegend von Matera zu machen. Ein Stück weiter beeindruckt die **Chiesa del Purgatorio Nuovo** (Fegefeuerkirche) mit opulenter Spätbarockfassade.

Palazzo del Sedile

Über die Via San Francesco kommen wir – vorbei an der nach dem heiligen Franz von Assisi benannten Barockkirche – zur Piazza Sedile. Prominentestes Gebäude am Platz ist der **Palazzo del Sedile** ➡ cC2 (16. Jh.), bis 1944 Rathaus, heute ein Musikkonservatorium. Eindrucksvoll ist der Eingang, der an einen Triumphbogen erinnert. Schließlich geht es links in die **Via Beccherie** ➡ cC1, in der alten Händlerstraße finden sich heute wieder Geschäfte, Bars und Restaurants.

Einst ein Priesterseminar, heute ein Kunstmuseum: das Museo Nazionale d'Arte Medievale e Moderna im Palazzo Lanfranchi

Service-Informationen Matera

APT Basilicata ➡ westl. cB1
Via Antonio de Viti De Marco 9
75100 Matera
✆ 08 35 33 19 83
www.basilicataturistica.com
Tourist Information für die gesamte Basilikata.

Tourist Information ➡ cB/C1
Piazza Vittorio Veneto 39
75100 Matera
✆ 08 35 68 02 54

Parkplätze
Die Sassi lassen sich nur zu Fuß erkunden. Altstadtnah liegen die kostenfreien Parkplätze in der Via Lanera ➡ cD1 und in der Via del Castello ➡ cC1. Eine Parklücke zu finden ist Glückssache. Größer sind die Chancen in der Via Aldo Mora am Bahnhof (Stazione Centrale) ➡ westl. cC1. Günstig gelegen ist auch die Tiefgarage an der Via Pasquale Vena ➡ cD1.

Ferula Viaggi
➡ westl. cC1
Via Cappelluti 34, Matera
✆ 08 35 33 65 72
www.materaturismo.it
Sightseeing, auch durch Materas Unterwelten, Trekking- und Bike-Touren, Kochkurse und Weinverkostungen, fachkundige Führungen, auch auf Deutsch. Geführte Touren und Ausflüge in die Umgebung.

Museo Archeologico Nazionale »Domenico Ridola« ➡ cD2
Via Domenico Ridola 24, Matera
✆ 08 35 31 00 58
www.museonazionaledimatera.it
Steinzeitliche Funde aus der Umgebung von Matera bezeugen, dass in dieser Gegend ab dem 6. Jahrtausend v. Chr. sesshafte Menschen Ackerbau betrieben. Die jüngsten Fundstücke, Grabbeigaben, Rüstungen aus Bronze, Vasen und Votivstatuen (6.–4. Jh. v. Chr.), stammen aus der nahen Ausgrabungsstätte Timmari.

Museo Nazionale d'Arte Medievale e Moderna ➡ cD2
Palazzo Lanfranchi

Bis in die 1950er noch bewohnt: die Felsenwohnung Casa Grotta

Piazza Giovanni Pascoli 1, Matera
✆ 08 35 25 62 11
www.museonazionaledimatera.it
In dem Palazzo werden u. a. mittelalterliche Kunstwerke präsentiert – viele davon stammen aus Kirchen der Region; die moderne Abteilung zeigt auch Bilder von Carlo Levi, welche die schwierigen Lebensbedingungen in der rückständigen Region thematisieren.

MUSMA/Palazzo Pomarici ➡ cB3
Via S. Giacomo, Matera
✆ 366 935 77 68, www.musma.it
Die Felsenräume unter dem Barockpalazzo bieten die Kulisse für Bildhauerkunst des 20. und 21. Jh.

Casa Cava ➡ cB2
Via San Pietro Barisano 47
Matera
✆ 08 35 33 67 33
www.casacava.it
Das Kulturzentrum gibt Einblick in die faszinierende Grottenarchitektur.

Casa Grotta ➡ cD3
Vicinato di Vico Solitario 11
Matera
✆ 08 35 35 31 01 18
www.casagrotta.it
Die Felsenwohnung gewährt Einblick in das Leben der Sassi-Bewohner von einst. In der Casa Grotta lebte noch bis 1956 eine große Familie auf engstem Raum.

Casa Noha ➡ cC3
Recinto Cavone 9, Matera
✆ 08 35 33 54 52
Das Haus lädt – mit Film- und Fotodokumenten – zu einer spannenden Reise durch die Geschichte Materas ein.

Cattedrale di Matera ➡ cB2
Piazza Duomo, Matera
✆ 08 35 33 29 08
Materas Hauptkirche – ein Paradebeispiel apulischer Romanik – ist der Madonna della Bruna geweiht, die im Inneren auf einem byzantinischen Fresko zu bewundern ist.

Chiesa San Giovanni Battista ➡ cB1
Via San Biagio, Matera
Nur für die Gottesdienste geöffnet
Die romanische Kirche (13. Jh.) war das Juwel des mittelalterlichen Matera. Wunderschön ist das Portal mit Blüten-Ornamenten, zierlichen Säulen und Kapitellen. Das Innere präsentiert sich im schlichten Stil der Romanik.

Chiesa San Pietro Barisano ➡ cA/B2
Rione San Biagio, Matera
Eine Barockfassade wurde 1755 vor die Felsenkirche gesetzt, im Inneren deuten imposante, eckige Pfeiler und das Taufbecken darauf hin, dass San Pietro Barisano seinen Ursprung im 12./13. Jh. hat. Die unterirdischen Gewölbe legen Zeugnis von einer besonderen Bestattungspraxis ab – verstorbene Kleriker wurden in aus dem Tuffstein geschlagenen Nischen beigesetzt.

Chiesa San Pietro Caveoso ➡ cC/D3
Piazza San Pietro Caveoso
Matera
Nur für die Gottesdienste geöffnet
Eine der wenigen mittelalterlichen Kirchen Materas, die nicht in den Felsen geschlagen, sondern aufgemauert wurden.

Complesso Rupestre Madonna della Virtù e San Nicola dei Greci ➡ cB3
Via Madonna delle Virtù
Matera
Felsenkirchen mit beeindruckenden Fresken. Im Sommer finden gelegentlich Ausstellungen statt.

Palombaro Lungo – Ipogei ➡ cB1
Piazza Vittorio Veneto, Matera
✆ 339 363 83 32
Unter der Piazza Veneto (19. Jh.) liegen Teile der mittelalterlichen Stadt, u. a. der große Wasserspeicher Palombaro Lungo.

Osteria Pico ➡ cB2
Via Florentini 42, Matera
✆ 08 35 24 04 24
www.osteriapico.it
Schickes Höhlenrestaurant, feine regionale Küche und ausgezeichnete Weine. €€€

San Biagio ➡ cB1
Via San Biagio 12, Matera
✆ 08 35 33 30 14
www.sanbiagioristorante.it

Lokale bieten wunderbar schattige Plätzchen in der Altstadt Materas

Junge, kreative Küche mit frischen Regionalprodukten, auch Einheimische kehren in dem gemütlichen Lokal am Rande der Altstadt gern ein. €€

Trattoria del Caveoso ➡ cD2
Via Bruno Buozzi 21, Matera
✆ 08 35 31 23 74
Altstadtlokal mit authentischer Küche, leckere Pasta und zum Auftakt gibt's Gemüse. €€

Mancini Timbri del Pane
➡ cD2
Via Bruno Buozzi 87
Matera
✆ 328 38 56 753
Pappmaschee (ital. Cartapesta) war einst das billige Material, aus dem Süditaliens Bildhauer Heiligen-Statuen schufen. Emanuele Mancini beherrscht die traditionelle Kunst und fertigt hübsche kleine Dinge aus dem »Marmor für Arme« und auch aus Terracotta und Holz.

Progetto Arte SNC ➡ cD2
Via Bruno Buozzi 20, Matera
✆ 08 35 33 08 27
www.progettoarte.info
Möbel und Accessoires aus Tuffstein, hübsche Souvenirs sind die Hausnummern-Schilder.

Ausflugsziele:

Cripta del Peccato Originale
➡ C6
Auf der Azienda Agricola Fratelli Dragone, Contrada Pietrapenta

Filmreif – die biblischen Drehorte der Basilikata

Schauplatz für mehr als 40 Filme: die felsige Landschaft in der Basilikata

Seit den späten 1940er Jahren wurden in der Basilikata rund 40 Filme gedreht. Pier Paolo Pasolini, Roberto Rossellini, Mel Gibson und viele ihrer Kollegen fanden in den Sassi von Matera, der Murgia-Schlucht und den herben Mondlandschaften der Flusstäler des Agri, Basento und Sauro im Südwesten faszinierende Schauplätze für ihre Projekte.

1964 drehte Pasolini (1922–75) hier einen seiner wichtigsten Filme: »Das erste Evangelium – Matthäus«. Auf der Suche nach Drehorten hatte er Israel und Jordanien bereist, störte sich dort aber an den vielen Zeichen der Moderne. Matera und die Steinwüste der Murgia Materana dagegen wirkten auch im 20. Jahrhundert wie aus der Zeit gefallen. Die steinige Murgia wurde Pasolinis Kulisse für die Verkündigung der göttlichen Schwangerschaft, Matera zum Leinwand-Jerusalem. Die Porta Pistola ließ der Regisseur zu dem Stadttor umbauen, durch das Jesus am Palmsonntag Einzug in Jerusalem hielt. Die Via Lombardi und die Via Fiorentini musste sein Hauptdarsteller mit dem geschulterten Holzkreuz abschreiten. In der Gegend des Belvedere di Murgia Timone östlich der Altstadt schuf Pasolini das Golgatha für seinen Film, der kleine Ort Barile südlich von Melfi wurde zu Bethlehem. Vierzig Jahre nach Pasolini drehte Mel Gibson seine »Passion Christi« wiederum in Matera und Umgebung. Auch den Australier begeisterte die verblüffende Ähnlichkeit der Szenerie mit den Orten des biblischen Judäa.

Inmitten des Naturparks von Gallipoli Cognato gelegen: Castelmezzano

11 km südlich von Matera, S.S. 7 Richtung Potenza
✆ 320 334 53 23
www.criptadelpeccatooriginale.it
Besichtigung nur nach Anmeldung
Die Entdeckung der Höhlenkirche in der Gravina di Picciano war eine Sensation: Fresken von außerordentlicher Leuchtkraft schmücken die Wände. Geschaffen wurden sie von Mönchen, etwa um 800 n. Chr. Vor über 1000 Jahren wurde die Cripta del Peccato Originale (Krypta der Erbsünde) verlassen und erst 1963 wiederentdeckt. Witterung und Wasser, das über einen langen Zeitraum in die Grotte sickerte, haben den mit Pflanzenfarben und Eiweiß gemalten Bildern nicht viel anhaben können.

Parco delle Chiese Rupestri della Murgia Materana ➡ C6
Besucherzentrum Jazzo Gattini
Contrada Murgia Timone
✆ 08 35 33 61 66
www.parcomurgia.it
Gelände jederzeit zugänglich
Die zerklüftete Landschaft um Matera ist ein spannendes Trekking-Terrain. Attraktionen sind die Felsenkirchen, u. a. die Wallfahrskirche Madonna delle Tre Porta mit Fresken aus dem 14. Jh. Sehenswert ist auch die Ausgrabungsstätte eines neolithischen Dorfes.

Abbazia S. Michele Archangelo ➡ C6
Piazza del Popolo
Montescaglioso
18 km südlich von Matera
✆ 334 836 00 98
Das auf einem Hügel gelegene Städtchen Montescaglioso besticht mit einer sehenswerten Abteikirche. An Sommerabenden finden in den Kreuzgängen gelegentlich Konzerte statt.

Parco Gallipoli Cognato Piccole Dolomiti Lucane ➡ C/D5
✆ 08 35 67 50 15
www.parcogallipolicognato.it
Auf halber Strecke zwischen Matera und Potenza ragen die Dolomiti Lucane auf, bizarre Sandsteinformationen der Apennin-Bergkette, die zu dem gleichnamigen etwa 27 ha großen Naturpark gehören. Lohnende Ziele sind die malerischen Bergdörfer Castelmezzano und Pietrapertosa. Mutige können die Schlucht zwischen beiden Orten an der Zipline überwinden (www.volodellangelo.com). ■

Reiseregionen, Orte und Sehenswürdigkeiten

APULIEN

Apuliens Norden

Auf der Landkarte ist der Gargano nicht zu übersehen. Das größte Vorgebirge Italiens schiebt sich als Sporn des italienischen Stiefels 65 Kilometer weit ins Meer hinein. Mit malerischen Felsenbuchten, Sandstränden am kobaltblauen Meer, hübschen Hafenstädtchen und dem dunklen Laubwald Foresta Umbra empfiehlt sich der Parco Nazionale del Gargano für Bade-, Rad- und Wanderurlauber gleichermaßen. Die Isole Tremiti liegen als felsige Vorposten zwölf Seemeilen vor der Küste. Den Tavoliere, die große Ebene zwischen Gargano und Apennin, hat Friedrich II. einst zur zentralen Provinz seines Reiches gemacht. In Foggia hielt er Hof, im benachbarten Castel Fiorentino ist der berühmte Stauferkaiser gestorben.

Die Vista Points sind hier und in den folgenden Regionen alphabetisch sortiert.

Foggia ist die Hauptstadt der gleichnamigen Provinz

Foggia ➡ B4
Die Provinzhauptstadt Foggia (144 000 Einwohner) ist wirtschaftlicher Mittelpunkt der großen Apulischen Ebene. Im 13. Jahrhundert hatte Stauferkaiser Friedrich II. seine Residenz von Palermo in die nordapulische Stadt verlegt. Durch Erdbeben (1731) und Bombardements (1943) wurde Foggia in Schutt und Asche gelegt. Von Friedrichs Residenz hat nur ein Torbogen überdauert. Zu sehen ist er heute am **Palazzo Arpi**, der das **Museo Civico** mit Ausgrabungsfunden aus der Zeit der Daunier (1. Jahrtausend v. Chr.) beherbergt.

Museo Civico ➡ B4
Im Palazzo Arpi
Piazza V. Nigri 1, Foggia
✆ 08 81 814042
Die Pinakothek stellt lokale Künstler vor, die archäologische Abteilung wirft Schlaglichter auf die Daunier-Kultur.

Parco Nazionale del Gargano/Foresta Umbra ➡ A4/5
Ein Großteil des waldigen Stiefelsporns ist als Nationalpark geschützt. Das Herzstück des 120 000 Hektar großen Parco Nazionale del Gargano bildet die Foresta Umbra, der »schattige Wald« mit markierten Wander- und Radwegen.

Centro Visitatori & Museo Naturalistico/ Besucherzentrum mit Naturkundemuseum ➡ A4/5
Loc. Foresta Umbra
Monte Sant'Angelo
✆ 08 84 56 54 44
www.parcogargano.it
Eintritt frei

Im Adriatischen Meer nördlich des Gargano: die Isole Tremiti

Im Besucherzentrum gibt es Wanderkarten und einen Mountainbikeverleih.

Isole Tremiti ➡ A4

Die kleinen Inseln San Domino, San Nicola, Cretaccio und Capraia bilden den reizvollen Archipel etwa 25 Kilometer vor der Adriaküste. Bewohnt sind nur S. Domino und S. Nicola – insgesamt leben hier knapp 500 Menschen. **S. Dominio**, von Pinienwäldern überzogen, war bis 1943 ein Verbannungsort. Heute ist die hübsche Insel das touristische Zentrum des Archipels mit Hotels, Restaurants und Diskotheken. Sie hat mit der Cala delle Arene auch den einzigen größeren Sandstrand der Tremiti-Inseln zu bieten, sehr schön sind auch Cala Spido und Cala Montana.

San Nicola beeindruckt mit einem mächtigen Festungskloster und dem von Fabeltieren übersäten Mosaikfußboden (11. Jh.) in der Abteikirche S. Maria a Mare (11.–16. Jh.). Grotten kann man bei Inselrundfahrten erkunden. Sportlicher ist eine Inselumrundung mit Kajak oder Schlauchboot.

Tourist Information
www.prolocovieste.it/vieste/isole-tremiti

Anreise
www.garganotremiti.com
www.nlg.it
garganoprenotazioni.com
www.traghettilines.it
www.tremiti.eu (Fahrpläne)
Fähren und Schnellboote pendeln ab Termoli, Peschici und Rodi Garganico. Tickets sind online buchbar. April bis Sept. pendeln zwischen S. Domino und S. Nicola Fähren. Von Foggia besteht eine Helikopterverbindung.

Ristorante Gabbiano ➡ A4
Via G. Garibaldi 5, San Domino
✆ 08 82 46 34 10
www.hotel-gabbiano.com
Das Hotelrestaurant bietet hervorragende Fischküche. Terrasse mit Meerblick, leichte Pianoklänge am Abend. €€

La Riccia ➡ A4
Biglietteria 13, Porto San Domino
✆ 348 917 19 71
www.lariccia delletremiti.it
Verleih von Booten, für die es keinen Führerschein braucht.

Tremiti Diving Center ➡ A4
Via Federico II.
San Domino
✆ 334 312 87 61
www.tremitidivingcenter.com
Tauchbasis, Kurse für Anfänger und Fortgeschrittene.

Tremiti online ➡ A4
✆ 08 84 96 56 65
www.tremitionline.net
Inselhopping und Touren zu den Grotten des Gargano.

Lucera ➡ B4

Der Ort (31 000 Einwohner) erstreckt sich über drei Hügel, die sich aus der großen apulischen Ebene erheben. Unter Friedrich II. wurde Lucera eine muslimische Stadt. Der Stauferkaiser hatte muslimische Bewohner Siziliens nach einem Aufstand nach Lucera verbannt und sie dort mit speziellen Aufgaben betraut, u. a. mussten sie eine Burg für ihn bauen. Mit der Zeit wurden die einstigen Rebellen die treuesten Gefolgsleute, begleiteten den Kaiser auf seinen Feldzügen.

Im Westen der Stadt liegen die imposanten Ruinen der **Stauferburg**. Das **Städtische Museum** (Museo Civico) gibt Einblicke ins Leben am Hofe von Friedrich II., den seine Kritiker spöttisch den »Sultan von Lucera« nannten.

Die Stauferburg von Lucera

Centro Informazione Turistica ➡ B4
Piazza Nocelli 6
71036 Lucera
✆ 08 81 52 27 62

Museo Civico ➡ B4
Via de Nicastri 74, Lucera
✆ 800 767 606
Das Museum zeigt archäologische Funde aus Römer- und Stauferzeit.

Fortezza Svevo-Angioina ➡ B4
Piazza Padre Angelo Cuomo
Lucera
✆ 08 81 54 70 41
Teilweise gut erhaltene Ruinen der Stauferburg.

Ristorante Il Cortiletto ➡ B4
Via de Nicastri 26
Lucera
✆ 08 81 54 25 54
www.ristoranteilcortiletto.it
Gemütliches Altstadtlokal mit feiner Küche. €€

Ausflugsziel:

Castel Fiorentino ➡ A3
15 km nordwestlich von Lucera erheben sich auf einer Hügelkuppe die Reste des Kastells, in dem Friedrich II. 56-jährig starb.

Manfredonia ➡ A4

Eindrucksvollstes Bauwerk der mittelalterlichen Hafenstadt ist das Castello Svevo (13./16. Jh.), heute beherbergt es das **Museo Archeologico Nazionale del Gargano** mit einer einzigartigen Sammlung daunischer Stelen (6. Jh. v. Chr.).

Museo Archeologico Nazionale del Gargano ➡ A4
Corso Manfredi, Manfredonia
✆ 08 84 58 78 38
Eintritt frei
Beeindruckende Zeugnisse der Daunier-Kultur.

Das Städtchen Manfredonia an der Garganoküste

Acquapark Ippocampo
➡ A5
S. P. 141 delle Saline
Manfredonia
✆ 08 84 57 13 97
www.ippocampo.it
Erfrischender Spaß auf Wasserrutschen, Kinder- und Erwachsenenbecken.

Monte Sant'Angelo ➡ A5

Der kleine Bergort (13 000 Einwohner), luftig in knapp 800 Metern Höhe gelegen, zieht schon seit dem 5. Jahrhundert Pilgerscharen aus ganz Europa an. Der Legende nach soll der Erzengel Michael im Jahr 490 einem Erzbischof der Gegend erschienen sein und eine Felsenhöhle, die in der Antike ein Orakelplatz war, für seine Verehrung bestimmt haben.

Vom Kastell (mit Parkplatz) geht der Weg zum achteckigen Kampanile (13. Jh.), der das Michaels-Heiligtum anzeigt. Von der Vorhalle führen 89 Stufen zur Kirche hinab, die man vor die Michaelsgrotte gebaut hat. Die Bronzetür mit biblischen Darstellungen ist ein Meisterwerk (11. Jh.) aus Konstantinopel. Nahe San Michele ragt neben der 1891 zerstörten Chiesa S. Pietro das Baptisterium **S. Giovanni in Tumba** auf, ein Kuppelbau mit wertvollen Reliefs (um 1100) und kunstvollen Kapitellen. Daneben die Kirche **S. Maria Maggiore** (Baubeginn um 1170) – im Inneren zeigen Fresken (13./14. Jh.) den Erzengel Michael in byzantinischem Gewand.

Pro Loco ➡ A5
Via Reale Basilica 40
71037 Monte Sant' Angelo
✆ 08 84 56 55 20
www.montesantangelo.it
Infos (auf Italienisch) auch auf www.turismomontesantangelo.it.

Museo Arti e Tradizioni Popolari del Gargano ➡ A5
Piazza S. Franceso 15
Monte Sant' Angelo
✆ 08 84 56 20 98
Eintritt frei
Volkskundemuseum im ehemaligen Franziskanerkonvent.

Castello ➡ A5
Largo Guiscardo
Monte Sant' Angelo
Ruine einer Burg, die von allen mittelalterlichen Herren Apuliens – von den Normannen bis zu den Aragonesen – in Besitz genommen und umgebaut wurde.

Santa Maria Maggiore ➡ A5
Largo Tomba di Rotari
Monte Sant' Angelo
Basilika aus dem 12. Jh. – während das Innere frühgotisch verändert wurde, ist die Fassade noch im ursprünglichen romanischen Stil erhalten.

Santuario di San Michele ➡ A5
Via Reale Basilica 127
Monte Sant' Angelo
www.santuariosanmichele.it
Bedeutende Wallfahrtstätte und UNESCO-Welterbe.

Ausflugsziel:

San Giovanni Rotondo ➡ A4
25 km westlich von Monte Sant'Angelo
Millionenfach besuchter Wallfahrtsort: die Wirkungsstätte des für seine blutenden Wundmale bekannt gewordenen Padre Pio. In der Basilika S. Maria delle Grazie hat der 1968 verstorbene und 2002 heiliggesprochene Kapuzinermönch die letzte Ruhestätte gefunden. Den Pilgermassen war die Kirche nicht mehr gewachsen, deshalb wurde die Chiesa Nuova angebaut. Die von Renzo Piano entworfene Kirche ist kaum kleiner als der Petersdom.

Zum Grab Padre Pios in San Giovanni Rotondo strömen jährlich bis zu sieben Millionen Pilger

Peschici ➡ A5
Pittoresk schmiegt sich Peschici (4200 Einwohner) an den schroffen Felsen. Der Ort wurde im 10. Jahrhundert von Slawen gegründet. Man hatte sie zur Verteidigung gegen arabische Eroberer ins Land geholt. Die Küstenwachtürme wurden im 16. Jahrhundert errichtet, nach blutigen Eroberungsversuchen

Peschici liegt im Nationalpark Gargano auf einem Felsen direkt am Meer

durch die Osmanen. Sehenswert sind der malerische Hafen und das **Normannen-Kastell**. Entlang der Küste stehen *trabucchi*, Pfahlbauten, die dem Küstenfischfang dienten – manche sind inzwischen urige Restaurants. Westlich des Hafens lockt eine **Badebucht** mit feinem Sand.

Porta di Basso ➡ A5
Via C. Colombo 38, Peschici
✆ 08 84 35 51 67
portadibasso.com
Feines Restaurant in der Altstadt mit nur acht Tischen. Chefkoch Domenico Cilenti macht aus Saisongemüse und fangfrischem Fisch kulinarische Kunstwerke und wurde dafür mit einem Michelin-Stern belohnt. €€€

Al Trabucco da Mimi ➡ A5
Localitá Punta San Nicola
Peschici
✆ 08 84 96 25 56
www.altrabucco.com
Die Gäste sitzen auf der Terrasse direkt über dem Meer. €€

Vom 19. bis 21. Juli feiert Peschici alljährlich seinen Schutzpatron **S. Elia** mit Prozession, Jahrmarkt und Feuerwerk.

Vieste ➡ A5

Vieste (13 400 Einwohner) ist ein quirliger Badeort mit Strandbars, Restaurants, Diskotheken, einer hübschen Altstad und vielen kleinen Geschäften. Schneeweiß wie die Fassaden ist Viestes Wahrzeichen, der Kalkfelsen **Pizzomunno** (Spitze der Welt). Das Kastell, unter Friedrich II. erbaut, wird militärisch genutzt und kann nicht besichtigt werden.

Der Vorplatz bietet einen schönen Panoramablick. Die Kathedrale **S. Maria Assunta** (11. Jh.) wurde über einem antiken Vesta-Tempel errichtet, von diesem leitet sich der Ortsname ab. Vorbei am Kloster San Francesco (Via S. Francesco 2) und der Klosterkirche (16. Jh.) gelangt man zur äußersten Landspitze mit einem Fischer-Pfahlbau. Bei Sonnenuntergang ist es hier besonders schön.

Strahlend weiß: der Kalkfelsen Pizzomunno am Strand der malerischen Küstenstadt Vieste

Tourist Information ➡ A5
Piazza Kennedy 13, 71019 Vieste
✆ 08 84 70 88 06

Museo Malacologico ➡ A5
Via Pola 8, Vieste
✆ 08 84 70 76 88
Eintritt frei
Museum mit Muscheln aus aller Welt.

Osteria al Duomo ➡ A5
Via Alessandro III. 23, Vieste
✆ 08 84 70 82 43
Uriges Altstadtlokal mit regionaler Küche. €€

Grotte Marine/Meeresgrotten ➡ A5
Hafen von Vieste, Molo Sud
✆ 338 595 04 55
www.viesteinbarca.it
Tickets für die Paloma und andere Boote
Bootsansflüge entlang der mit Grotten gespickten Küste.

Apuliens Mitte

Zwischen dem Golf von Manfredonia im Norden und Monopoli im Süden erstreckt sich die Costa di Bari, teils mit felsigen, teils mit feinsandigen Küstenabschnitten. Sehenswert sind Bari, Apuliens Hauptstadt, und etliche andere alte Hafenstädte, einst reich geworden durch den Handel mit den Nachbarn im östlichen Mittelmeerraum. Viele der Burgen, die Normannen und Staufer in dieser Gegend errichtet haben, trotzen bis heute dem Zahn der Zeit. Nicht minder imposant sind die mittelalterlichen Kathedralen, meisterhafte Bauwerke im Stil der apulischen Romanik. Das Hinterland wartet mit dem weltberühmten Castel del Monte auf. Das Itria-Tal ist eine der schönsten Kulturlandschaften Italiens.

2 Alberobello ➡ C7

Alberobello (10 000 Einwohner) kann sich seit 1996 mit dem UNESCO-Weltkulturerbe-Titel schmücken und seither vor Reisebussen kaum retten. Morgens vor und abends nach dem großen Ansturm entfalten die Trulli-Viertel **Rione Aia Piccola** und **Rione Monti** aber ihren Charme. Der Bau der Trulli hat mit den Steuergesetzen des 17. Jahrhunderts zu tun. Die mörtellosen Rundbauten galten nicht als richtige Häuser, sondern als Provisorien, für die keine Abgaben entrichtet werden mussten.

Tourist Information ➡ C7
Via Monte Nero 3
70011 Alberobello
✆ 080 432 20 60, www.facebook.com/prolocoalberobello

Museo del Territorio ➡ C7
Piazza XXVII. Marzo, Alberobello
✆ 380 411 12 73
Audioguides in mehreren Sprachen
Hier erfahren Sie, wie und warum Trullis gebaut wurden und wie die Landbevölkerung Apuliens einst lebte. Vom Dach hat man einen tollen Blick über rund 1000 Zipfelmützendächer.

Il Poeta Contadino ➡ C7
Via Indipendenza 21, Alberobello
✆ 080 432 19 17
www.ilpoetacontadino.it
Den Gast erwartet eine fantasievolle Gourmetküche. €€€

Valle d'Itria ➡ C7
Auf ruhigen Nebenstraßen kann man das Tal gut mit dem Rad erkunden. Eine schöne Tour ist z.B. die ca. 16 km lange Strecke von Alberobello über Noci nach Locorotondo; Fahrradstrecken im Itria-Tal stellt die Website www.bikemap.net vor.

Die Trulli von Alberobello: Steine wurden kreisförmig aufeinander gestapelt und gegen die Mitte zu einer Scheinkuppel geformt

Cisternino gehört zu den schönsten kleinen Orten Italiens

Ausflugsziele:

L'Antica Locanda ➡ C7
Via Spirito Santo 49, Noci
✆ 080 4972460
www.pasqualefatalino.it
Noci östlich von Alberobello ist eine Pilgerstätte für Gourmets: Pasquale Fatalino, Inhaber des Restaurants, gehört zu den besten Slow-Food-Köchen Apuliens. €€

Cisternino ➡ C7
18 km östlich von Alberobello
Cisternino (11 000 Einwohner) mit weißgetünchten Häusern und orientalisch anmutendem Gassenlabyrinth darf sich zu den *borghi più belli d'Italia* (schönste kleine Orte Italiens) zählen. Feinschmecker schätzen die *fornelli*, Metzgereien mit Holzbacköfen.

Egnazia (Archäologische Stätte) ➡ C7
Via degli Scavi 84, Fasano
museipuglia.cultura.gov.it
✆ 080 482 90 56
Gelände und Museum dokumentieren die Siedlungsgeschichte der antiken Stadt Egnazia.

Masseria Torre Coccaro ➡ C7
Contrada Coccaro 8
Savelletri di Fasano
✆ 080 48 29 310
www.masseriatorrecoccaro.com
Das elegant-gemütliche Restaurant gehört zu einem zum Hotel umgebauten Landgut und empfiehlt sich mit Gourmet-Regionalküche. €€€

Zoosafari/Fasanolandia ➡ C7
Via dello Zoosafari, Fasano
✆ 080 44 14 455
www.zoosafari.it
Italiens größter Freilandzoo lädt zur Safari im eigenen Auto ein. Nebenan lockt der Freizeitpark Fasanolandia mit Fahrgeschäften.

Andria ➡ B5

Andria (98 000 Einwohner) wurde von Staufer Friedrich II. gegründet. In der **Cattedrale S. Maria Assunta** sollen zwei seiner Ehefrauen, Isabella von England und Isabella von Brienne, bestattet sein.

Achteckig mit einem Kranz von ebenfalls achteckigen Türmen – die apulische Stauferburg Castel del Monte südwestlich von Bari

Antichi Sapori ➡ B5
Piazza Sant' Isidoro 10, Andria
✆ 08 83 56 95 29
www.pietrozito.it
Top-Adresse der Slow-Food-Gastronomie. €€

Confetteria Mucci ➡ B5
Piazza Vittorio Emmanuele 30
Andria
✆ 08 83 59 23 53
Köstliches Konfekt, Spezialität des Hauses ist *Confetto Federico II* – mit Zutaten, die es auch zu Zeiten des Staufers schon gab.

Ausflugsziel:

3 Castel del Monte ➡ B5
Strada Statale 170, Andria
Südlich von Andria, weithin sichtbar auf einer Anhöhe, erhebt sich

Friedrich II. und seine Burgen

Eine der zahlreichen Stauferburgen: Castello Svevo in Bari

Ganz Süditalien ließ Friedrich II. mit einem dichten Netz wehrhafter Kastelle überziehen – vielerorts, etwa in Bari, Barletta und Melfi, wurden dafür bestehende Festungen seiner Vorgänger, der Normannen, aus- und umgebaut. Zu den besterhaltenen Kastellen gehört die Burg von **Gioia del Colle** (vgl. S. 31), zu den eindrucksvollsten die ganz nah am Wasser gebaute Festung in **Trani** (vgl. S. 34). Das berühmteste Stauferkastell aber ist **Castel del Monte** mit seinem achteckigen Grundriss und den acht achteckigen Türmen. Die markante Form und das Fehlen echter Verteidigungsanlagen hat die Nachwelt vor Rätsel gestellt. Wollte sich der Staufer hier ein symbolträchtiges Denkmal setzten? Ist das Achteck eine Anspielung auf die achteckige Stauferkrone? Oder deutet sie auf ein arabisches Baumuster hin, das sich im Felsendom von Jerusalem wiederfindet? Schließlich war Friedrich auch König von Jerusalem. Die *eine* Antwort konnte die Wissenschaft bis heute nicht geben – was Castel del Monte für viele nur noch faszinierender macht.

das schönste und rätselhafteste Kastell Friedrichs II. – Castel del Monte, 1240–50 errichtet, seit 1996 UNESCO-Weltkulturerbe.

④ Bari ➡ B6

Den heiligen Nikolaus und seinen Namenstag, den 6. Dezember, kennt hierzulande jedes Kind. Dass die sterblichen Überreste des Heiligen in der Kirche S. Nicola in Bari aufbewahrt werden, ist weniger bekannt. Seeleute aus Bari hatten die Reliquie in Myra (Kleinasien) geraubt und in die Heimat mitgenommen. Bari entwickelte sich daraufhin zu einem der wichtigsten Pilgerorte Europas.

Heutigen Besuchern präsentiert sich die Stadt zweigeteilt. Die Neustadt, Anfang des 19. Jahrhunderts schachbrettartig angelegt, beeindruckt mit stattlichen Bürgerhäusern, Theatern, Kinos, eleganten Einkaufsmeilen (vor allem Via Sparano). *Borgo vecchio*, die Altstadt, breitet sich mit mittelalterlichem Charme auf einer Halbinsel aus. Als Ausgangspunkt für einen Bummel bietet sich **Piazza del Ferrarese** ➡ aB5 an, die einst Zentrum des politischen, wirtschaftlichen und sozialen Lebens war. Heute lockt sie mit Bars und Restaurants. Wichtigstes Bauwerk der Altstadt ist die Basilika **San Nicola** ➡ aB5, die Apuliens Baumeistern als Vorbild für weitere Kathedralen diente. Der Grundstein wurde 1087 gelegt, in dem Jahr, in dem die Nikolaus-Reliquie die Stadt erreichte. Diese wird heute in einem diebstahlsicher vergitterten Schrein in der Krypta aufbewahrt.

Schon von Weitem sieht man den Campanile der **Cattedrale S. Sabino** (12. Jh.) ➡ aB5, architektonisch eiferte man hier San Nicola nach. Von der Kathedrale sind es nur wenige Schritte bis zum **Castello di Bari** ➡ aB4. Sehenswert ist dort die Gipsoteca, wo man Figuren, die an den Fassaden der apulischen Kathedralen prangen, – in Kopie – aus nächster Nähe betrachten kann.

ℹ Tourist Information ➡ aD5
Piazza del Ferrarese 29
70122 Bari
✆ 331 545 25 20

Basilica S. Nicola ➡ aB5
Piazza San Nicola, Bari
Baris Basilika mit der Reliquie des hl. Nikolaus.

Im alten Hafen von Bari

Castello di Bari ➡ aB4
Piazza Federico di Svevia, Bari
museipuglia.cultura.gov.it/biglietti (Infos und Tickets)
Gut erhaltenes Kastell aus der Zeit der Normannen und Staufer.

Cattedrale S. Sabino ➡ aB5
Piazza dell' Odegitria 1, Bari
Zweite Altstadtkirche, ebenfalls im Stil der apulischen Romanik errichtet.

Ciànna Ciànne ➡ aB5
Via Corsioli 5, Bari
✆ 080 528 93 82
Uriges Altstadtlokal nahe San Nicola. €

Cafés und Nachtleben
Piazza del Ferrarese und Piazza Mercantile ➡ aB5 sind mit vielen Bars und Restaurants beliebter Treff am Abend. Traditionsreiche Cafés säumen Corso V. Emanuele II. ➡ aB4/5 und Corso Cavour (Borgo Nuovo) ➡ aB–D5.

Einkaufen
In der alten Fischhalle nahe der Piazza del Ferrarese ➡ aB5 wird fangfrische Ware verkauft. Handgemachte Nudeln gibt es in den Gassen Arco Alto und Arco Basso ➡ aB4 (vor dem Castello), schicke Boutiquen findet man in der Via Sparano ➡ aC/D5.

Die Kathedrale San Sabino in Bari

Bari International Film Festival
www.bifest.it
Filmfestival im Frühjahr.

Festa di San Nicola
7.–9. Mai: Bari feiert seinen Schutzpatron, den hl. Nikolaus.

Barletta ➡ B5

Seine Blütezeit erlebte Barletta (92 000 Einwohner) im Mittelalter als wichtiger Kreuzfahrerhafen. Sehenswert ist das mächtige Staufer-Kastell am Meer.

Castello Svevo ➡ B5
Piazza Cervi, Barletta
www.barlettamusei.it
Die alte Festung beherbergt das Museum für Stadtgeschichte.

Bitonto ➡ B6

Im mittelalterlich geprägten Bitonto (53 000 Einwohner) fasziniert die **Cattedrale S. Valentino**, für die Baris Basilika S. Nicola Pate stand. Beachtung verdienen das reich verzierte Mittelportal und die kunstvoll strukturierte Südfassade, im Inneren ein Greifenmosaik, die Predigtkanzel (13 Jh.) und freigelegte Reste einer frühchristlichen Kirche.

Cattedrale San Valentino ➡ B6
Piazza Cattedrale
Apulische Romanik vom Feinsten.

Castellana Grotte ➡ C7

Das Höhlensystem nahe Castellana Grotte gehört zu Apuliens größten Attraktionen. Für Familien mit Kindern ist der Indiana Park mit Kletterparcours attraktiv.

Im Reich der Stalagmiten und Stalagtiten: Grotte di Castellana

Grotte di Castellana/ Museo Speleologico (Museum für Höhlenforschung) ➡ C7
Piazza Anelli
Castellana Grotte
✆ 080 499 82 21
www.grottedicastellana.it
Im Laufe von rund 90 Mio. Jahren entstand dieses faszinierende Reich der Stalagmiten und Stalagtiten.

Indiana Park ➡ C7
S.C. Chiancafredda
Castellana Grotte
castellana.indianapark.it
✆ 327 691 27 27
Im Schatten alter Eichen kann geklettert werden. Parcours für verschiedene Altersgruppen, ab 2 J.

Gioia del Colle ➡ C6

Der kleine Ort besitzt eines der besterhaltenen **Stauferkastelle** Apuliens (um 1230, heute Archäologisches Museum) und ist für Mozzarelle und deren butterweiche Variante Burratta bekannt.

Museo Archeologico ➡ C6
Piazza Martiri del 1799
Gioia del Colle
✆ 080 348 13 05
Exponate aus Stein-, Bronze- und Eisenzeit zeigt das Museum im alten Stauferkastell. 5 km entfernt liegt ein archäologisches Feld mit Resten einer Peuketier-Siedlung (6.–4. Jh. v. Chr.).

Ausflugsziel:

Parco dei Briganti ➡ C6
20 km westlich von Gioia del Colle
Santeramo in Colle
✆ 320 623 40 75
www.parcodeibriganti.it
Im Abenteuerpark können kleine »Räuber« Labyrinthe, hängende Wege und Orientierungspfade erkunden.

Locorotondo ➡ C7

Adrett mit weißgetünchten Häusern präsentiert sich das rund angelegte Locorotondo (14 000 Einwohner). Der Stadtpark bietet einen tollen Blick über das Trulli-Tal.

Taverna del Duca ➡ C7
Via Papatodero 3
Locorotondo
✆ 080 43 13 007
www.tavernadelducascatigna.it
Feine Slow-Food-Küche. €–€€

Martina Franca ➡ C7

Die angenehm lebhafte Stadt (47 000 Einwohner) besticht mit Barock- und Rokoko-Pracht und einer verkehrsberuhigten Altstadt.

Abends an der Adria: der Hafen von Monopoli

Sehenswert ist die **Barockkirche San Martino** (1745–55) am eleganten Corso Emanuele.

Tourist Information ➡ C7
Piazza Roma 37
74015 Martina Franca
✆ 080 480 57 02
www.viaggiareinpuglia.it

La Locanda del Macellaio ➡ C7
Via Massafra 15, Martina Franca
✆ 329 435 06 27
Ein Dorado für Fleischliebhaber – hier bekommt man Angus Rind und andere Spezialitäten in hervorragender Qualität.

Festival della Valle d'Itria
www.festivaldellavalleditria.it
Mitte Juli–Anfang Aug.
Oper, Sinfoniekonzerte, Klassik – ein buntes Programm.

Molfetta ➡ B6

In der Nähe des hübschen Hafens erhebt sich der eindrucksvolle **Duomo Vecchio S. Corrado** (ab 1150 erbaut).

Basilica della Madonna dei Martiri ➡ B6
Piazza Basilica 1
Molfetta
✆ 080 338 13 69
Aus den Tagen der Kreuzritter stammt die an der Küste gelegene Klosterkirche. Für viele war sie seinerzeit letzte Station an Land, bevor es mit dem Schiff in den Kampf ums Heilige Land ging. Erste Station für viele Rückkehrer: das Klosterkrankenhaus. Heute bewohnen Franziskaner das Anwesen, Besuch gratis, nach Voranmeldung.

Antica Gelateria ➡ B6
Via S. Domenico 2
Molfetta
✆ 328 314 72 78
Das beste Eis der Stadt!

Puglia Outlet Village ➡ B6
Via dei Portuali 12, Molfetta
✆ 080 337 02 11
Textilien und Schuhe zu günstigen Preisen.

Monopoli ➡ C7

Die Stadt (48 000 Einwohner) lockt mit Sandstrand und geschäftigem Fischerhafen, Barockpaläste säumen Straßen und Plätze der attraktiven Altstadt. **Castello Carlo V.** (16. Jh.) ist heute Kongress- und Ausstellungszentrum.

La Locanda sul Porto ➡ C7
Via Cristoforo Colombo 10/11
Monopoli
✆ 080 896 65 80
Hervorragende, auf Fisch und Meeresfrüchten basierende Küche. Zudem sehr gute Pasta. €€

Ostuni ➡ C7

Nur wenige Kilometer vom Meer entfernt, liegt die »weiße Stadt« Ostuni (30 000 Einwohner). Hinter der Piazza della Libertà beginnt das mit Souvenirläden und Restaurants gespickte Gassenlabyrinth. Die einstige Kirche S. Vito Martire dient heute als **Stadtmuseum**, auf dem höchsten Stadthügel thront die eindrucksvolle **Cattedrale S. Maria Assunta** (15./16. Jh.).

Tourist Information ➡ C7
Corso Mazzini 8
72100 Ostuni
✆ 08 31 30 12 68
www.ostunithewhitecity.com

Museo Civico ➡ C7
Via Cattedrale 15
Ostuni
✆ 08 31 33 63 83
Museum für Stadtgeschichte mit archäologischen Funden.

Riccardo Caffé ➡ C7
Via Vitale 61, Ostuni
✆ 08 31 185 31 75
Lounge-Flair in einer Altstadtgasse.

Polignano a Mare ➡ B7

Die kleine Stadt (18 000 Einwohner) besticht mit ihrer schönen Lage an der Steilküste, vielen Bars und Restaurants. Ausflugsboote tuckern zu den Küstengrotten, **Grotta Palazese**, die berühmteste, kann man auch beim Besuch des gleichnamigen Edel-Restaurants (oft leider unfreundlicher Service) erleben.

Osteria di Chichibio ➡ B7
Largo Gelso 12
Polignano a Mare
✆ 080 424 04 88
Regionale Zutaten, vor allem Fisch, kreativ zubereitet. €€

Ruvo di Puglia ➡ B5/6

Umgeben von Olivenhainen liegt das adrette Städtchen Ruvo (25 000 Einwohner) auf einer Anhöhe. Seine **Cattedrale S. Maria Assunta** (12./13. Jh.) ist ein Meisterwerk apulischer Romanik.

Museo Jatta ➡ B5/6
Piazza Bovio 35
Ruvo di Puglia
✆ 080 244 00 03
www.palazzojatta.org
Antike Keramik in einem neoklassizistischen *palazzo* aus dem 19. Jh.

Cattedrale S. Maria Assunta ➡ B5/6
Largo Cattedrale 1
Ruvo di Puglia

An der Steilküste: der Strand von Polignano a Mare

Die Kirche (12./13. Jh.) ist eines der bedeutendsten Beispiele der apulischen Romanik.

L'Angelo Divino ➡ B5/6
Corso G. Jatta 11, Ruvo di Puglia
✆ 080 362 85 44
Essen, was auf den Tisch kommt, keine Speisekarte – aber köstliche Regionalküche und gute Weine!
€€–€€€

Trani ➡ B5

In Trani (55 000 Einwohner) ließ Friedrich II. ein trutziges Kastell am Wasser bauen. Direkt am Meer liegt auch die Kathedrale **San Nicola Pellegrino** (um 1100), die ihre Entstehung einem mittelalterlichen »PR-Trick« verdankt. Als 1094 ein griechischer Pilger namens Nicolaus in Trani zusammenbrach und starb, wurde er eilends heiliggesprochen. Mit einem »eigenen« heiligen Nikolaus konnte man einen Teil der Pilgerströme abfangen, deren eigentliches Ziel die Nikolaus-Reliquie in Bari war.

Trani Info Point ➡ B5
Piazza Trieste 8, 76125 Trani
✆ 375 557 54 05
www.prolocotrani.it

Castello Svevo ➡ B5
Piazza Re Manfredi, Trani
cultura.gov.it/luogo/castello-svevo-di-trani
Eine der wichtigsten Stauferburgen, bis heute gut erhalten.

Cattedrale S. Nicola Pellegrino ➡ B5
Piazza Duomo, Trani
www.cattedraletrani.it
Die aus dem hellen, rötlich schimmernden Naturstein *pietra tranese* errichtete Basilika (11./12. Jh.) gehört zu den schönsten in Apulien.

Quintessenza ➡ B5
Via Nigrò 37, Trani
✆ 08 83 88 09 48
www.quintessenzaristorante.it
Altstadtlokal mit feiner Küche.
€€–€€€

Trattoria Rampa La Conca ➡ B5
Via Supportico la Conca 26, Trani
✆ 08 83 195 05 78
Gute Fischgerichte, schöner Blick auf den Hafen. €€

Karfreitag, Ostersamstag
Feierliche Prozessionen, die Karfreitagsprozession beginnt bereits um 3 Uhr nachts!

Der Hafen von Trani mit der Kathedrale San Nicola Pellegrino (rechts)

Apuliens Süden

Salento – so heißt die Halbinsel im äußersten Südosten Italiens, der Absatz des Stiefels mit herrlichen Stränden und geschichtsträchtigen Orten. Die vitale Salento-Hauptstadt Lecce beeindruckt mit bühnenreifen Barock-Kulissen. Auch kulinarisch hat die Region viel zu bieten. Der Salento steht auch für tiefrote Weine und kräftiges Olivenöl.

Brindisi ➡ C8

Die eher als Industriemetropole bekannte Stadt (82 000 Einwohner) lohnt dennoch einen Besuch. In der Antike war Brundisium bedeutender Handelshafen und Endpunkt der Via Appia, der wichtigsten Handelsstraße im Römerreich. Im Mittelalter schifften sich hier die Kreuzritter ein.

Besucher von heute können sich auf dem 52 Meter hohen **Monumento al Marinaio** (mit Aufzug), einem Marinedenkmal aus der Ära Mussolini, einen Überblick über die Altstadt und ihren Naturhafen verschaffen. Steigt man am Lungomare die Treppe zur Altstadt hinauf, trifft man auf eine der beiden Säulen, die einst den Endpunkt der Via Appia markierten (die andere steht seit dem 17. Jh. in Lecce).

Il Duomo, Brindisis Hauptkirche, wurde im 18. Jahrhundert durch ein Erdbeben zerstört und relativ unspektakulär neu gebaut. Sehenswert ist allerdings ein aus dem normannischen Vorgängerbau erhaltenes Mosaik.

Wenige Schritte entfernt lädt das **Archäologiemuseum** als reich gefüllte Schatzkammer der Geschichte zu einer spannenden Zeitreise ein. Auf antike Spuren war man auch beim Bau des **Teatro Verdi** (Via Santi 1) in den 1970ern gestoßen. Heute kann

Die Fresken von Rainald von Tarent (14. Jh.) schmücken die Kirche Santa Maria del Casale in Brindisi

das archäologische Areal unter dem auf Stelzen errichteten Theater besichtigt werden.

Ein Kleinod sakraler Architektur liegt hinter dem Teatro Verdi – die **Chiesa San Giovanni al Sepolcro** (11. Jh.). Der Grundriss – ein Dreiviertelkreis mit geradem Abschluss – lässt vermuten, dass hier die Grabeskirche in Jerusalem als Vorbild diente, im Inneren beeindrucken gut erhaltene Fresken (13./14. Jh.). Mit großartigem Freskenzyklus (14. Jh.) wartet auch die **Chiesa S. Maria del Casale** außerhalb der Stadt auf.

Info Point ➡ C8
Lungomare R. Margherita
72100 Brindisi
✆ 08 31 52 30 72

Museo Archeologico ➡ C8
Piazza Duomo 7
Brindisi
✆ 08 31 52 30 72
Eintritt frei
Das Museum gibt anschauliche Einblicke in den Alltag der Antike. Der Rundgang, bei dem man u. a. an Bord eines antiken Handelsschiffes geht, ist auch für Kinder ein Erlebnis.

Chiesa S. Maria del Casale
➡ C8
Via Ruggero di Simone 1
Brindisi
Die Kirche (nahe Flughafen) beeindruckt mit großartigem Freskenzyklus (14. Jh.).

La Locando del Porto ➡ C8
Via Montenegro 20, Brindisi
✆ 08 31 56 81 81
Mediterrane Küche, viel Fisch – aber auch Pizza. €–€€

Festa dei Santi Teodoro e Lorenzo
In der ersten Septemberwoche gibt es zu Ehren der beiden Heiligen Prozessionen in der Altstadt und am Meer.

Gallipoli ➡ D8

»Kale polis«, die schöne Stadt, so haben die Griechen der Antike die Stadt genannt. Schön ist die Altstadt, die auf einer Insel im Ionischen Meer thront und durch einen Damm mit der Neustadt auf dem Festland verbunden ist, noch heute. Gallipoli (19 000 Einwohner) ist Urlaubs- und Ausflugsziel mit schönen Stränden und vielen guten Restaurants. Zu Reichtum hatte es die Stadt im 17. und 18. Jahrhundert gebracht – durch den weltweiten Export von Lampenöl. Prachtvolle Palazzi zeugen vom damaligen Wohlstand der Oberschicht. In einer historischen Ölmühle erfahren Besucher, unter welch erbärmlichen Bedingungen dagegen Saisonarbeiter in den Mühlen schufteten. Vor dem **Castello Svevo** (13./15. Jh.) am Rande der Altstadt verkaufen Fischer fangfrische Ware. Die **Cattedrale Sant' Agata** (17. Jh.) erhebt sich an der höchsten Stelle der Stadt und zeigt sich – ganz im Stil des Lecceser Barock – mit reich dekorierter Fassade, innen mit schönem Chorgestühl (18. Jh.) und einer beachtlichen Gemäldesammlung.

Bereits die Griechen bauten die Hafenanlagen von Gallipoli zu einem Stützpunkt aus

Tourist Information ➡ D8
Via Kennedy 20, 73014 Gallipoli
✆ 08 33 26 42 83
www.prolocogallipoli.it

Frantoio di Palazzo Granafei (Ölmühlenmuseum) ➡ D8
Via Antonietta De Pace 87
Gallipoli
✆ 08 33 26 42 42
Eintritt frei
Das Museum veranschaulicht den harten Alltag der Saisonarbeiter, die in den Ölmühlen Lampenöl herstellten.

Splash/Fabilandia ➡ D8
Litoranea S. Maria al Bagno
Loc. Rivabella, Gallipoli
✆ 08 33 27 34 00
www.splashparco.it
Größtes Spaßbad Apuliens. Im Freizeitpark nebenan laden Mickey Maus & Co. zum Spielen ein.

Ristorante Dolce Vita ➡ D8
Corso Roma 143, Gallipoli
✆ 08 33 26 40 40
www.ristorantedolcevita.it
Gourmetrestaurant mit Dachterrasse, Sommelier Maurizio berät gut – gern auch auf Deutsch. €€€

Il Bastione ➡ D8
Riviera Nazario Sauro 28
Gallipoli
✆ 08 33 26 38 36
Restaurant mit erstklassiger Fischküche. €€–€€€

Am besten zu Fuß erkunden: die barocke Innenstadt von Lecce

Ausflugsziel:

S. Caterina di Alessandria
➡ D8
Piazetta Orsini, Galatina
Die Franziskanerkirche in dem kleinen Ort etwa 23 km nordwestlich von Gallipoli birgt den größten Freskenzyklus Apuliens (15. Jh.). Auch ein Bummel durch die Altstadt mit ihren herrschaftlichen Palazzi lohnt.

5 Lecce ➡ D8/9

Lecce (95 000 Einwohner), Apuliens südlichste Provinzhauptstadt, ist das vitale Zentrum des Salento, mit grandioser Barockarchitektur, quirligen Plätzen, kreativer Gastroszene – und langer Geschichte.

Gegründet vermutlich von den Messapiern, entwickelte sich der Ort unter den Römern zum lebhaften Handelsplatz. Im Hinterland gelegen, nutzte das antike Lupiae den Hafen von Porto Adriano (heute San Cataldo). Im Mittelalter lief ihr die Hafenstadt Otranto den Rang ab. Als Karl V. (1500–58) – in Madrid residierender König von Spanien, dessen riesiges Reich auch den italienischen Süden einschloss – den osmanischen Eroberern im Mittelmeerraum den Kampf ansagte, erschien ihm Lecces geschütztere Lage im Hinterland wiederum vorteilhaft. Er machte die Stadt zum Verwaltungszentrum des Salento, ließ ein wehrhaftes **Kastell** errichten, schickte Aristokraten und Beamte in die Stadt. Dem neuen Status entsprechend machte sich Lecce architektonisch fein – im Stil des Barock. Der weiche Kalkstein beflügelte die lokalen Steinmetze, der enorme Formen- und Figurenreichtum, den sie den Bauwerken angedeihen

Kapitell an der Fassade der Basilica di Santa Croce in Lecce

Cartapesta: Alles aus Pappe

Kunst aus Pappmaschee: Cartapesta-Figur in Lecce

Bei Maria Arcona stehen der verstorbene Papst Johannes Paul II. und Mutter Theresa im Hinterzimmer. Lebensgroß und aus Pappmaschee. Cartapesta ist die italienische Bezeichnung für dieses Material und Maria Arcona, eine Frau aus Lecce, ist Cartapesta-Künstlerin. Am realistischen Faltenwurf der Kleidung und an lebensechten Gesichtszügen könne man eine wirklich gute Figur erkennen, erklärt sie. Selbstbewusst zeigt Arcona auf ihre Werke und sagt: »So können das nicht alle Kollegen.«

Ausgangspunkt einer jeden Figur ist ein mit Stroh umwickeltes Drahtgestell, auf das die Pappmasse – in Mehl und Wasser aufgeweichtes Packpapier – aufgetragen wird. Eine Spur Salz sorgt dafür, dass den Mehlwürmern das Gemisch nicht schmeckt; so können Cartapesta-Kunstwerke Jahrhunderte überstehen. Die Figuren sind zwar stabil, aber leicht, deshalb werden sie gern für Heiligen-Prozessionen verwendet. In Lecce wurde das Material erst im 18. Jahrhundert populär, als beim Umbau der Kirche **Santa Chiara** keine Mittel zur Ausgestaltung der Decke übrig waren. In ihrer Not ließen die Nonnen Pappmascheekünstler aus Neapel kommen, die das Gewölbe mit Pappe statt mit Holz verzierten. Das Ergebnis überzeugte, Lecce entwickelte sich zur Cartapesta-Hochburg und ist heute der einzige Ort in Italien, an dem diese Kunst noch ausgeübt wird.

ließen, machte bald als *barocco leccese* von sich reden.

Wer Lecce besucht, stellt sein Auto am besten auf dem Parkplatz vor der **Porta Napoli** ab und betritt die verkehrsberuhigte Altstadt dann durch diesen für Karl V. 1548 errichteten Triumphbogen. Die Via Palmieri führt auf die Piazza del Duomo mit dem Ensemble von **Dom Maria Santissima Assunta** (1659–70), Glockenturm und Bischofspalast (1632). Ihre volle Pracht entfaltet die Piazza bei abendlicher Beleuchtung. In der Nähe sind Reste des antiken römischen Theaters erhalten.

Auf dem Corso Vittorio Emanuele gelangt man zur Chiesa S. Irene (1591–1639) und dann zur **Piazza Sant'Oronzo.** Der Schutzheilige blickt von einer antiken Säule herab, die ursprünglich in Brindisi den Endpunkt der Via Appia markierte. Nachdem sie im 16. Jahrhundert ohne ersichtlichen Grund eingestürzt war, wurde die kaputte Säule im 17. Jahrhundert nach Lecce verschenkt und dort wieder aufgebaut. Auf der Piazza, zu Füßen des Schutzheiligen, tut sich ein Stück des antiken Lupiae auf – das römische **Amphitheater** (1./2.Jh.), in dem einst 20 000 Zuschauer blutige Schaukämpfe verfolgten. Anfang des 20. Jahrhunderts war man bei Bauarbeiten auf die antike Hinterlassenschaft gestoßen, in den 1930er Jahren wurde ein Teil des Areals freigelegt.

Über die Via Vito Fazzi gelangt man zum **Castello Carlo V**, das auch ein Pappmaschee-Museum (Museo di Cartapesta) beherbergt. Nördlich der Piazza führen die Via Templari und ihre Verlängerung, Corso Umberto I., zur **Basilica di Santa Croce** (1549–1695), einem Paradebeispiel des Lecceser Barock. Von Figuren und Ornamenten geradezu überflutet, war sie für Zeitgenossen wie ein überdimensionales Bilderbuch zu lesen. Zentrales Thema: der Triumpf der Christen über die Moslems. Historischer Hintergrund war die Seeschlacht von Lepanto, mit der eine Allianz unter spanischer Führung 1571 die Gefahr der osmanischen Eroberung Süditaliens gebannt hatte. Die Gegend um Santa Croce war bis zur Vertreibung der Juden unter Karl V. das jüdische Viertel.

Außerhalb des *centro storico* lohnen das **Archäologische Museum** und die mittelalterliche Kirche **Santi Nicolò e Cataldo** einen Abstecher.

Tourist Information ➡ D8/9
Pizza S. Oronzo, 73100 Lecce
✆ 08 32 24 20 99
Weitere Büros auf der Piazza Sant' Oronzo und im Castello Carlo V.

Guided Tours Lecce ➡ D8/9
Via Umberto I. 18, Lecce
✆ 08 32 09 05 23, www.infotab.it
Geführte Stadtrundgänge zu verschiedenen Themen, z. B. Barock oder jüdische Kultur.

Museo Provinciale Sigismondo Castromediano (Archäologisches Museum) ➡ D8/9
Via Gallipoli 28, Lecce
✆ 08 32 37 35 72
Eintritt frei
Steinzeitliche Funde, Hinterlassenschaften der messapischen Siedlung und Grabsteine aus römischer Zeit.

MUST ➡ D8/9
Via degli Ammirati 11, Lecce
✆ 08 32 24 10 67
www.mustlecce.it
Museum für Stadtgeschichte mit wechselnden Ausstellungen.

Basilica di S. Croce ➡ D8/9
Via Umberto I, Lecce
Lecces Prachtkirche (16. Jh.) mit überbordender Barockfassade.

Castello Carlo V./Museo della Cartapesta ➡ D8/9
Viale 25 Luglio, Lecce
✆ 08 32 24 65 17
www.castellocarlov.it
In der Festung (16. Jh.) ist das Museum für die für Lecce typische Pappmascheekunst untergebracht.

Hatte einst Platz für mehr als 20 000 Zuschauer: Amphitheater in Lecce

Riesiger Kunstschatz: das Fußbodenbodenmosaik in der Cattedrale S. Maria Annunziata in Otranto

Caffè Cittadino ➡ D8/9
Via F. Rubichi 35, Lecce
✆ 08 32 52 40 58
Dolci zum Espresso, herzhafte Gaumenkitzel zu Spumante oder Wein, nahe Piazza Sant' Oronzo. €€

Osteria degli Spiriti ➡ D8/9
Via Cesare Battisti 4, Lecce
✆ 08 32 24 62 74
Klassiker der Salento-Küche. €€

Surfen/Kitesurfen ➡ D8/9
Die Küste südlich von Lecce – zwischen S. Cataldo und Ortranto – ist ideal für Surfer und Kite-Surfer.

6 Otranto ➡ D9

Wehrhaft gibt sich die Altstadt von Otranto (5800 Einwohner) mit den weiß getünchten Häusern, seitdem sie Ende des 15. Jahrhunderts von den Aragonesen mit einer mächtigen Verteidigungsmauer umgeben wurde. 1480 hatten die Osmanen die Stadt erobert, für ein Jahr unter ihre Kontrolle gebracht und rund 800 männliche Bewohner, die das Bekenntnis zum Islam verweigerten, hingerichtet. Die Gebeine der *martiri* (Märtyrer) werden in der romanischen **Cattedrale S. Maria Annunziata** (11./12. Jh.) hinter einer gläsernen Wand aufbewahrt. Die Kirche beherbergt auch einen der größten Kunstschätze Süditaliens – ein fast 1600 Quadratmeter großes Mosaik.

Zwei Jahre lang (1163–65) setzte der Priestermönch Pantaleone seinen »Baum des Lebens« aus rund 10 Millionen Steinchen zusammen. Die Via Basiliano führt zum **Castello Aragonese**, von wo aus der Blick über die Straße von Otranto bis zu den Bergen Albaniens reicht.

Tourist Information ➡ D9
Via P. Presbitero
73028 Otranto
✆ 08 36 80 14 36

Castello Aragonese ➡ D9
Otranto
Mächtiges Bollwerk, das den britischen Schriftsteller Horace Walpole Mitte des 18. Jh. zu seinem

»Castle of Otranto«, der ersten *Gothic Novel* der Literaturgeschichte, inspirierte.

Cattedrale S. Maria Annunziata ➡ D9
Piazza Basilica, Otranto
Die Kathedrale birgt einen der größten Kunstschätze des italienischen Südens: ein riesiges Mosaik aus normannischer Zeit (12. Jh.).

La Pignata ➡ D9
Corso Garibaldi 7
Otranto
✆ 08 36 80 12 84
Gute Regionalküche, sehr lecker: die gratinierten Muscheln. €–€€

Otranto Jazz Festival
2. Julihälfte
Jazz aller Stilrichtungen vor spektakulärer Kastell-Kulisse.

Festa dei SS. Martiri Idruntini
Mit dem 3-tägigen Fest Mitte August ehrt die Stadt die Märtyrer von 1480.

Ausflugsziele:

Grotta Zinzulusa ➡ D9
Castro, etwa 20 km südlich von Otranto
✆ 08 36 94 38 12
Die Höhle im Fischer- und Badeort Castro kann als einzige der prähistorisch besiedelten Küstengrotten des Salento besichtigt werden.

Capo di Santa Maria di Leuca ➡ E9
Am Capo di Santa Maria di Leuca, dem *Finibus terrae* (Ende der Welt) der Antike, treffen Adriatisches und Ionisches Meer zusammen. Das weiße Kap ist seit Urzeiten ein Fixpunkt für Seefahrer. Den Minerva-Tempel der Antike ersetzt das spätbarocke **Santuario di S. Maria di Leuca**. Marina di Leuca ist ein angenehmer Badeort mit Fischereihafen.

Taranto ➡ C/D7

Spartaner gründeten 706 v. Chr. die Siedlung Taras, die sich zu einer der reichsten und mächtigsten Städte des antiken Großgriechenlands entwickelte. Heute bestimmen Schwerindustrieanlagen und der Kriegshafen das Erscheinungsbild Tarantos (187 000 Einwohner). Auf einer flachen Insel zwischen dem Mare Grande und dem weit ins Land reichenden Mare Piccolo mit dem Marinehafen erstreckt sich die Altstadt, östlich davon die Neustadt.

Gebaut wie eine Festung: die Basilika Santa Maria de Finibus Terrae in Santa Maria di Leuca

Einzige echte Sehenswürdigkeit dort ist das **Archäologische Nationalmuseum**. Wo heute das Castello Aragonese steht, haben schon die Griechen der Antike und später die Byzantiner Festungsanlagen errichtet. Heute ist das Kastell Sitz des Marinekommandos, kann aber besichtigt werden. Als Flaniermeilen in der schachbrettartig angelegten Neustadt empfehlen sich Lungomare Vittorio Emmanuele III. und Via Tommaso d' Aquino. Die Altstadt mit ihren engen, dunklen Gassen war jahrzehntelang dem Verfall preisgegeben. In letzter Zeit lassen ein paar Sanierungsprojekte auf eine Trendwende hoffen.

Info Point ➡ C/D7
Piazza Castello
74123 Taranto
✆ 334 284 40 98

Museo Nazionale Archeologico di Taranto (MARTA) ➡ C/D7
Via Cavour 10, Taranto
✆ 09 94 53 21 12
www.museotaranto.org
Sehenswerte Funde aus dem antiken Tarent, spektakulär ist der »Goldschatz von Tarent« (4.–1. Jh. v. Chr.).

Auf einer Insel vor der Stadt: Castello Aragonese von Taranto

Castello Aragonese ➡ C/D7
Piazza Castello
Taranto
museotaranto.org
Eintritt frei
Festungsanlage mit mächtigen Rundtürmen (15./16. Jh.) auf der kleinen Isola del Borgo Antico, kostenlose geführte Touren tagsüber und am Abend.

Gesù Cristo 3 ➡ C/D7
Via Cesare Battisti 10
Taranto
✆ 09 94 77 72 53
Freundlich geführtes Fischrestaurant. €€

Venerdì santo/Karfreitag
Ganz Taranto ist auf den Beinen, um die feierliche »Processione dei Misteri« zu begleiten, die zu den eindrucksvollsten Karfreitagsprozessionen Apuliens gehört. Beginn ca. 18 Uhr an der Chiesa del Carmine.

Ausflugsziele:

Museo della Ceramica ➡ C7
Largo Maria Immacolata
Grottaglie
✆ 09 95 62 38 66
www.comune.grottaglie.ta.it
Grottaglie ist für kunsthandwerkliche Keramikproduktion bekannt, im Keramikmuseum werden kunstvolle Objekte aus über 1000 Jahren Keramikproduktion gezeigt.

San Nicola ➡ C7
30 km nordwestlich von Taranto
Mottola, Loc. Gorgone
✆ 349 326 93 02
www.visitmottola.com
Führungen nach Voranmeldung
Den byzantinischen Fresken (10.–14. Jh.) verdankt die in den Tuffstein gehauene Krpyta ihren Ruf als »Sixtinische Kapelle unter den Höhlenkirchen«. Weitere Höhlenkirchen in der Umgebung.

Das mächtige Kastell über der Altstadt von Melfi

BASILIKATA

Basilikatas Norden

Lange galt die Basilikata als Armenhaus Italiens, heute aber wird sie von Kennern wegen ihrer großartigen, ursprünglichen Landschaften ebenso geschätzt wie wegen künstlerischer Hinterlassenschaften aus verschiedenen Epochen. Hochebenen, Täler, Ackerbauflächen und Wälder prägen weite Teile des Nordens. Hauptstadt der Region ist Potenza, das 70 Kilometer westlich und verkehrsgünstiger als Matera liegt, der UNESCO-Welterbestadt aus touristischer Sicht aber nicht das Wasser reichen kann.

Zwischen beiden Städten erheben sich die Lukanischen Dolomiten, Felsformationen mit bizarrer Gestalt, vor denen sich malerische Dörfer ducken. Im Nordwesten ragt der Monte Vulture auf, ein erloschener Vulkan. Auf den fruchtbaren Böden dieser Gegend gedeihen die Trauben, aus denen der kräftige Rotwein Aglianico del Vulture gekeltert wird. Melfi und Venosa sind kleine Städte mit großer Vergangenheit.

Melfi ➡ C4

Mit seinem Fiat-Werk und einer Fabrik des Nudelriesen Barilla ist die Stadt (17 000 Einwohner) ein wichtiges Zentrum für die strukturschwache Basilikata. Die Zeiten, in denen Melfi ein Machtzentrum von Weltrang war, liegen indes schon lange zurück. Im 11. Jahrhundert machten die Normannen, damals die neuen Herrscher im Lande, Melfi zur Hauptstadt ihres Herzogtums. Fünfmal trafen sich hier im Mittelalter kirchliche und weltliche Würdenträger zum Konzil.

Noch heute erhebt sich das mächtige **Kastell** über der Altstadt. Im 13. Jahrhundert machte der Staufer Friedrich II. die einstige Normannenburg zu seiner Sommerresidenz. Als die Anjou die Staufer bezwungen hatten, bauten sie die Burg nach ihrem Gusto um. Heute beherbergt das mittelalterliche Bollwerk ein sehenswertes **Archäologisches Museum**. Vom Kastell hat man einen weiten Blick über die Dächer von Melfi. Weitere Highlights liegen vor der Stadt – die Grottenkirchen *(chiese rupestri)* **Santa Lucia** und **Santa Margherita** mit ihren farbenprächtigen Fresken (13. Jh.).

Pro Loco »Federico II« ➡ C4
Piazza Umberto I.
85025 Melfi
✆ 09 72 23 97 51
www.prolocomelfi.it

Castello Normanno-Svevo/ Museo Archeologico Nazionale ➡ C4
Via die Normanni
Melfi
✆ 342 855 03 23
www.parcovulture.it
Die Burg der Normannen und Staufer ist ein attraktives Museum. Zu den herausragenden Ausstellungsstücken gehört ein Marmorsarkophag aus dem 2. Jh., der im Auftrag eines Römers in einer der besten Werkstätten Kleinasiens gefertigt und nach Italien verschickt wurde. Sein Ziel hat der prachtvolle Sarg nie erreicht, 1856 fand ihn ein Bauer auf einem Feld nahe der Via Appia. Bewunderungswürdig ist auch der Goldschmuck aus dem Grab einer Daunier-Prinzessin.

Festa dello Santo Spirito
Das Historienfest zu Pfingsten erinnert an den französisch-spanischen Krieg, der Melfi im Jahr 1528 überrollte. Vor den Franzosen flüchteten viele Bewohner in die umliegenden Wälder. Pfingsten kehrten sie mit den siegreichen Spaniern in ihre Stadt zurück.

Sagra della Varola
3. Wochenende im Okt.
Melfi feiert eine herbstliche Spezialität – die Esskastanie.

Ausflugsziele:

Santa Lucia und Santa Margherita ➡ C4
2 km südöstlich von Melfi
Besichtigung nur nach Anmeldung bei Pro Loco
Blickfang in den Grottenkirchen sind die Fresken. Kunsthistoriker rätseln noch immer, wer die Figuren sind, die ein Künstler im Mittelalter auf die Wand von Santa Margerita bannte. Entstammen sie der Bibel? Oder könnte der Mann mit dem rötlichen Bart und dem Falken auf dem Handschuh Stauferkaiser Friedrich II. sein?

Monte Vulture/ Laghi di Monticchio ➡ C4
20 km südwestlich von Melfi

Einst die Sommerresidenz von Friedrich II., dem Staufer: das Castello Normanno-Svevo über Melfi

Schon von Weitem sichtbar ist der Monte Vulture (1326 m), der Hauptgipfel des Massivs. Seine vulkanische Aktivität hat er vor 500 000 Jahren eingestellt, vor rund 40 000 Jahren sind die Laghi di Monticchio entstanden, zwei durch eine Landbrücke getrennte Seen, die den Eruptivkrater ausfüllen. Die waldreiche Gegend ist Naturreservat, lockt Angler, Wanderer und Mountainbiker. Am Berg über dem kleineren der beiden Seen liegt die Benediktinerabtei **San Michele** mit **Naturkundemuseum**..

Castello Lagopesole ➡ C4

Via Castello
Avigliano
✆ 338 715 52 11
www.castellodilagopesole.com
Etwa 30 km südlich von Melfi, auf halber Strecke nach Potenza, ließ Friedrich II. sein letztes und größtes Kastell errichten. Die Burganlage gibt Einblick in das Leben des Burgherrn, zeigt Stücke aus seiner Antikensammlung, u. a. eine Löwenskulptur aus römischer Zeit. Die separate Ausstellung »Il Mondo di Frederico II.« in einem Trakt der Burg lädt Besucher ein, multimedial die Welt des großen Staufers zu entdecken (Audioguide in dt. und engl. Sprache).

S. Maria Assunta e San Canio Vescovo ➡ C5

Largo Diaz 4
Acerenza
Rund 50 km südöstlich von Melfi liegt der mittelalterlich geprägte Ort Acerenza in 800 m Höhe. Herzstück der Altstadt ist die riesige Kathedrale (11. Jh.), errichtet im Auftrag der aus Frankreich stammenden Normannenherrscher nach dem Vorbild der Abtei von Cluny in Burgund. Es waren auch die Normannen, die der Region ihren Namen »Basilikata« gaben – abgeleitet von der Basilika in Acerenza.

Mittelalterliche Bauruine: der Erweiterungsbau der Chiesa Nuova in Venosa

Venosa ➡ C4

Heute ein verschlafenes Landstädtchen (11 000 Einwohner) war der Ort in der Antike eine prosperierende Kolonie an der Via Appia, der wichtigsten Handelsstraße des römischen Reichs. Hier erblickte 65 v. Chr. der Dichter Horaz (Sein Motto: »*Carpe Diem*«, »Nutze den Tag«) das Licht der Welt.

Auf der Anhöhe, auf der zuvor schon die Langobarden eine Burg errichtet hatten, bezog auch Friedrich II. sein **Kastell**. Heute beherbergt es ein Archäologisches Museum.

Am östlichen Altstadtrand präsentiert der **Parco Archeologico** Reste einer Thermenanlage und zweier Patriziervillen aus römischer Zeit. Faszinierendes Bauwerk aus der Zeit der Normannen ist die **Abbazia della Santissima Trinità**, eine Kirche, die sich Normannenherrscher Robert Guiskard d'Hauteville Mitte des 11. Jahrhunderts als Grablege errichten ließen. In einem Marmorgrab beigesetzt wurde hier auch Alberada, die Ehefrau,

Der Parco Archeologico: Ruinen der antiken Stadt Venusia

von der sich der Normanne hatte scheiden lassen. Eine moderne Glasfront gibt den Blick frei auf die Ruine der **Chiesa Nuova**. Mit diesem imposanten Kirchenerweiterungsbau wurde 1130 begonnen, um dem Andrang der Pilger gerecht zu werden. Vollendet wurde die neue Kirche nie, weshalb die Ruine auch *chiesa incompiuta* (unvollendete Kirche) genannt wird. Vermutlich war mit dem Ende der Normannendynastie auch die Geldquelle des Klosters versiegt. Dass sich die Bauherren im Mittelalter auf »Recycling« verstanden, fällt bei näherer Betrachtung der gotischen Ruine auf – hier wurden Quader des ehemaligen römischen Amphitheaters sowie Grabsteine römischer und jüdischer Gräber wiederverbaut.

Pro Loco di Venosa ➡ C4
Via Roma 22
85029 Venosa
✆ 09 72 369 58

Abbazia della Santissima Trinità ➡ C4
Largo Vescovado 9
Venosa
Kirche aus Normannenzeit mit nie vollendetem Erweiterungsbau.

Castello Aragonese/Museo Archeologico Nazionale ➡ C4
Piazza Umberto I., Venosa
✆ 09 72 360 95
Das Kastell, eine imposante Vierflügelanlage, stammt aus dem 15. Jh. Das Museum darin präsentiert Funde von der Prähistorie bis zum Mittelalter.

Parco Archeologico ➡ C4
Loc. San Rocco, Venosa
✆ 09 72 360 95
Eindrucksvolle Hinterlassenschaften aus der antiken Stadt Venusia.

Pizzeria Bar Il Portico ➡ C4
Piazza Umberto I., Venosa
✆ 09 72 323 24
In dem Lokal am Ende der Arkaden treffen sich die Einheimischen zum Pizzaessen und Fußballgucken. Im Sommer sitzt man auch draußen auf der Piazza vor dem Kastell. €

Re Manfredi ➡ C4
Cantina Terre degli Svevi
Loc. Pian di Camera, Venosa
✆ 09 72 312 63
www.cantineremanfredi.com
Auf dem Weingut kann der kräftige rote Aglianico in verschiedenen Qualitätsstufen probiert werden.

Basilikatas Süden

Im Süden und Südwesten öffnet sich die Basilikata zum Meer. Am Golf von Tarent trifft sie auf das Ionische, an der Costa di Maratea, einem kurzen Abschnitt zwischen der Küstenlinie Kampaniens und Kalabriens, auf das Tyrrhenische Meer. Mit dem landschaftlichem Reiz der tyrrhenischen Küsten kann es der ionische Küstenabschnitt nicht aufnehmen, dafür finden sich dort faszinierende Hinterlassenschaften antiker Kulturen. Zwischen beiden Meeren, an der Grenze zu Kalabrien, erstreckt sich der Parco Nazionale del Pollino, der größte Nationalpark Italiens. Trekkingfans finden hier mit 2000 Meter hohen Bergen und spektakulären Schluchten ein faszinierendes Terrain, das man auf eigene Faust oder am besten mit einem Nationalpark-Ranger erkunden kann.

Maratea und die Küste ➡ E4

Auf Italiens Westseite öffnet sich die Basilikata an der 7 **Costa di Maratea** zum Tyrrhenischen Meer. Dieser knapp 30 Kilometer lange Küstenabschnitt mit türkisfarbenem, glasklarem Meer und feinen Sand- und Kieselstränden gehört zu den schönsten des Landes. Das steil abfallende Küstengebirge mit seinen majestätischen Gipfeln bildet die Kulisse.

Das hübsche Städtchen Maratea Borgo liegt rund 300 Meter über der Küste. Hierher, an den Hang des Monte S. Biagio (623 m), haben sich die Bewohner der Küstenorte im Mittelalter geflüchtet, als ihre Siedlungen immer wieder von Piraten heimgesucht wurden. Erstmals urkundlich erwähnt wurde der Ort 1079. Historiker vermuten aber, dass er einige Jahrzehnte älter ist. In der **Chiesa San Biagio** (13. Jh.) wird die Reliquie des hl. Biagio von Sebaste aufbewahrt, die im 8. Jahrhundert aus Kleinasien nach Maratea gelangte.

In der Nähe des Orts breitet schon von Weitem sichtbar der **Cristo Redentore** (Erlöser) seit 1965 auf dem Monte S. Biagio seine schützenden Arme über der Küste aus. Erschaffen wurde die 21 Meter hohe Christus-Figur aus weißem Stahlbeton von dem Florentiner Bildhauer Bruno Innocenti (1906–86). Am Monument bietet sich ein atemberaubender Panoramablick.

Die Strandgemeinden – Acquafredda, Cersuta, Fiumicello-Santavenere und Castrocucco (schöner Sandstrand!) blieben von Bausünden glücklicherweise verschont. In Maratea Porto legen gutbetuchte Italiener im Sommer mit ihren Yachten an. Lohnende Ausflugsziele sind die **Kalksteingrotten** an der Küste. Einige lassen sich zu Fuß, andere nur mit dem Boot erreichen.

i Pro Loco di Maratea ➡ E4
✆ 09 73 87 60 26
www.marateaproloco.it
Infos nur im Internet oder telefonisch

Historisches Zentrum von Maratea

La Locanda delle Donne Monache/Ristorante Il Sacello ➡ E4
Via Carlo Mazzei 4, Maratea
✆ 09 73 87 61 39
www.locandamonache.com
Das ehemalige Kloster präsentiert sich heute als elegantes kleines Hotel mit gutem Restaurant. Auch Yoga, Massage, Kochkurse und andere Aktivitäten. €€€

Da Cesare ➡ E4
Via Nazionale 52, Cersuta Maratea
✆ 09 73 87 18 40
Gemütliches Restaurant, vor allem Fischgerichte, probieren Sie Tagliatelle alla Sepia (mit Tintenfisch)! Im Sommer geht ohne Reservierung fast gar nichts. €€

Il Giardino di Epicuro ➡ E4
Via Massa Piano, Loc. Massa Maratea
✆ 09 73 87 01 30
Familiäres Lokal, authentische Regionalküche. Im Sommer unbedingt reservieren! €€

Metaponto ➡ D6

Die Bewohner der weiter südlich gelegenen Kolonie Sybaris (Sibari) waren es, die im 7. Jahrhundert v. Chr. Menschen aus ihrer alten Heimat – der nördlichen Peleponnes – ermunterten, »rüberzukommen« und in der Nähe von Sybaris eine weitere griechische Kolonie zu gründen. Grund waren strategische Interessen. Die antike Stadt wollte verhindern, dass das benachbarte Tarent (Taranto) seine Machtsphäre immer weiter ausdehnte. Menschen von der Peleponnes folgten der Aufforderung und gründeten Metapontion, das sich auch dank des fruchtbaren Hinterlands schnell zu einer prosperierenden Hafenstadt entwickelte. Der Niedergang setzte im 3. Jahrhundert n. Chr. ein. Die Stadt wurde verlassen, mit der Zeit von Sedimenten der Flüsse Bradano und Basento bedeckt, geriet in Vergessenheit. Im 20. Jahrhundert begannen archäologische Ausgrabungen. Die eindrucksvollste Hinterlassenschaft des antiken Metapontion ist das **Hera-Heiligtum** (Tavole Palatine): Auf einer kleinen Anhöhe außerhalb des heutigen Metaponto sind noch 15 von einst 32 dorischen Säulen des Tempels (ca. 530 v. Chr.) erhalten.

Die Ortsteile Metaponto Borgo und **Lido di Metaponto** entstanden im 20. Jahrhundert. Lido, ein wenig attraktiver Badeort mit tristen Hotelblocks, kann immerhin mit einem schönen, breiten Sandstrand punkten.

Pro Loco Metaponto ➡ D6
Piazza Giovanni XXIII
75012 Metaponto

Am Tarentinischen Golf: der Hera-Tempel von Metapont

Casa Levi in Aliano: hier lebte der Schriftsteller Carlo Levi im Exil

✆ 08 35 23 61 82
www.prolocodimetaponto.it

Museo Archeologico Nazionale di Metaponto ➡ D6
Via Aristes 21
Loc. Metaponto (Metaponto Borgo), Bernalda
✆ 08 35 74 53 27
Die Sammlung dokumentiert die Geschichte der griechischen Kolonie Metapontion.

Area Archeologica di Metaponto ➡ D6
Località Metaponto scavi (Metaponto Borgo, nahe Museo Nazionale), Bernalda
Eintritt frei
Bei dem Areal handelt es sich um den heiligen Bezirk des antiken Metapontions mit Resten eines Artemis-, eines Apollo- und eines Hera-Tempels.

Hera-Heiligtum (Tavole Palatine) ➡ D6
Die Ausschilderung ist dürftig, nehmen Sie die S.S. 106 Richtung Taranto, kurz nachdem die Straße den Fluss Bradano quert, nehmen Sie die Ausfahrt, folgen einer kleinen Straße, die unter der S.S. 106 hindurch zurück Richtung Metaponto führt. Kurz nachdem Sie die Brücke passiert haben, erreichen Sie das frei zugängliche Gelände.

Ristorante Palazzo Margherita ➡ D6
Corso Umberto I 64, Bernalda
✆ 08 35 54 90 60
thefamilycoppolahideaways.com
In dem Luxus-Hotel der Coppolas (Verwandte des US-Regisseurs Francis Coppola) fühlt man sich wie in einer zauberhaften Filmkulisse. Sehr gut speisen – Regionalküche vom Feinsten – kann man auch. €€€

Zelmira 77 ➡ D6
Via Diogene, Bernalda
✆ 08 35 54 43 99
Freundliches Restaurant mit sehr guter, knuspriger Pizza. Dazu gibt es Craft Beer aus der Region. €–€€

Lido di Metaponto ➡ D6
Langer Sandstrand, guter Wind für Segler und Surfer.

Ausflugsziele:

Parco Letterario Carlo Levi ➡ D5
Via Martiri d'Ungheria 1
Aliano
✆ 08 35 40 36 88
www.parcolevi.it
Der politisch engagierte Turiner Arzt, Maler und Schriftsteller wurde unter dem faschistischen Diktator Mussolini 1935 für ein Jahr in die Basilikata, nach Aliano,

2248 Meter hoch: der Monte Pollino im Parco Nazionale del Pollino

verbannt. Levis Roman »Christus kam nur bis Eboli« hat den Ort weltbekannt gemacht. An Levi, der auf eigenen Wunsch in Aliano beigesetzt wurde, erinnert ein Parcours, der auch Casa Levi, das einstige Wohnhaus mit Gemäldegalerie, einschließt.

Museo Archeologico Nazionale delle Sirtide ➡ D6
Via Colombo 8
Policoro
✆ 08 35 97 21 54
Policoro, 20 km südwestlich von Metaponto, liegt auf dem Gebiet des antiken Siris-Herakleia. Das Museum auf dem Ausgrabungsgelände (mit Resten römischer Pflasterstraßen und antiker Befestigungsanlagen) dokumentiert die menschliche Präsenz in der Gegend von der Steinzeit bis zur Epoche der Römer. Rundgänge lassen Besucher eintauchen in Kultur und Alltagsleben in der antiken Polis.

Bosco Policoro Herakleia
➡ D6
Piazza Sirisis 1, Policoro
✆ 08 35 182 51 57
Eintritt frei
Naturoase an der Sinni-Mündung bei Policoro; hier ist ein Stück des ursprünglichen Küstenwaldes erhalten, das Naturreservat ist Rückzugsraum für unzählige Wasservögel, kann auf eigene Faust oder mit einem Guide erkundet werden.

8 Parco Nazionale del Pollino ➡ D–F5/6

Das Bergland zwischen Ionischem und Tyrrhenischen Meer war zu Beginn des ersten Jahrtausends v. Chr. Siedlungsgebiet italischer Völker. Nach dem Zerfall des römischen Reiches entvölkerte sich die Gegend, im 9. Jahrhundert n. Chr. suchten byzantinische Mönche hier die Einsamkeit. Im 15./16. Jahrhundert fanden Albaner, die vor den osmanischen Eroberern aus ihrer Heimat geflohen waren, in der abgeschiedenen Bergwelt ein neues Zuhause.

Heute sind rund 190 000 Hektar der Pollino-Region als Nationalpark geschützt. Ein Teil liegt auf kalabrischem Gebiet, ein Teil gehört zum Territorium der Basilikata. Interessant ist die Gegend vor allem für Wandertouristen.

Der kleine Ort **Rotonda** mit seinem mittelalterlichen Kern ist einen Abstecher wert, **Viggianello** eignet sich als Ausgangpunkt für Trekkingtouren. In **San Paolo Albanese** trifft man auf Arbëresh – so nennen sich die Angehörigen der albanischen Minderheit –, die bis heute die Kultur ihrer aus Albanien eingewanderten Vorfahren hochhalten. Lohnendes Ziel ist auch **Episcopia** mit seinem Kloster. Von hier aus kann man den berühmtesten Berg der Region, den **Monte Pollino** (2248 m) an der Grenze zu Kalabrien, erklimmen.

Startpunkt für Wanderungen: das Klosterdorf Episcopia

Info Point Parco Nazionale del Pollino ➡ E5
Im Complesso Monumentale Santa Maria della Consolazione
85048 Rotonda
✆ 09 73 66 93 11
parconazionalepollino.it

Museo della Cultura Arbëreshe ➡ E5
Via Regina Margherita 10
San Paolo Albanese
✆ 09 73 943 67
Schön anzusehen sind vor allem die bunten Festtagstrachten.

Info Pollino Centro Excursioni ➡ E5
Via Fiumara 1, Viggianello
✆ 338 233 38 88
www.infopollino.com
Exkursionen zu Fuß, per Rad oder Mountainbike; Rafting, Aquatrekking, Free-Climbing, Ski- und Schneeschuhtouren – die Naturparkführer organisieren und begleiten Outdoor-Aktivitäten.

Exkursion zu Fuß durch die Wälder des Parco del Pollino

KALABRIEN

Kalabriens Nordwesten

Mit Zweitausender-Gipfeln, Höhlen, Schluchten und Wasserläufen ist die teilweise als Nationalpark geschützte Pollino-Region im Nordwesten Kalabriens ein faszinierendes Wander- und Wildwasserrevier. Costa dei Cedri nennt man den Küstenstreifen, der sich von der Basilikata im Norden bis zum Golf von Santa Eufemia erstreckt. Schroffe Felsen säumen hier das Tyrrhenische Meer. An lauschigen Badebuchten mangelt es nicht, an so mancher Bausünde aber auch nicht. Städtchen wie Diamante und Scalea haben sich aber einen pittoresken Kern bewahrt und im Hinterland lohnen stille Dörfer eine Entdeckungsreise. Mit malerischer Altstadt überrascht Cosenza.

Altomonte ➡ E5

Der kleine Ort (4000 Einwohner) gehört offiziell zu den schönsten Italiens (*borghi più belli d'Italia*). Wichtigstes Baudenkmal ist die **Chiesa S. Maria della Consolazione**, eine der größten gotischen Kirchen Kalabriens (14. Jh.) mit faszinierender Fensterrose. Im Konvent nebenan beeindruckt der Kreuzgang.

Eine der größten gotischen Kirchen Kalabriens: Santa Maria della Consolazione in Altomonte

Museo Civico ➡ E5
Piazza Tommaso Campanella
Altomonte
✆ 09 81 94 82 16
Stadtgeschichte im ehemaligen Dominikanerkloster.

Torre dei Pallotta/Museo Franco Azzinari ➡ E5
Piazza Castello 4, Altomonte
In dem 25 m hohen Wachturm (14. Jh.) residiert heute eine Galerie mit Werken eines zeitgenössischen Landschaftsmalers.

Ristorante im Hotel Barbieri
➡ E5
Via Italo Barbieri 30
Altomonte
✆ 09 81 94 80 72
www.famigliabarbieri.net
Die Barbieris setzten auf Slow Food, bieten auch Kochkurse an.
€€

Amantea ➡ G5

Strategisch günstig trohnt Amantea (14 000 Einwohner) auf einem 50 Meter hohen Hügel. Doch gegen den Angriff arabischer Eroberer im Jahr 839 half auch die Höhenlage nicht. Der Ort wurde eingenommen und war bis zur byzantinischen Rückeroberung 885 ein Emirat. Das Kastell ist eine überwucherte Ruine. Ein Aufstieg lohnt wegen des Panoramas.

Ristorante Le Clarisse
➡ G5
Via Independenza 27
Amantea
✆ 09 82 420 33
www.palazzodelleclarisse.com
Das ehemalige Kloster ist heute ein charmantes Hotel mit feinem Restaurant. €€

Civita gilt als das kalabrische Tor zum Nationalpark Pollino

Civita/Çifti ➡ E5

Das winzige Civita (920 Einwohner), über der atemberaubenden Ragnello-Schlucht gelegen, wurde im 15. Jahrhundert von Albanern gegründet, die nach der Eroberung ihrer Heimat durch die Türken geflohen waren. Auch heute sprechen die Einwohner noch Albanisch.

Pro Loco Civita ➡ E5
Via S. Leonardo 4
87010 Civita
✆ 333 290 45 34
www.prolococivita.it
Für Wandertouren ist Civita ein guter Ausgangsort. Die Pro Loco gibt Wandertipps und vermittelt Guides.

Museo Etnico Arbëresh ➡ E5
Piazza Municipio 9
Civita
✆ 09 81 730 43
www.museoetnicoarbresh.org
Eintritt frei
Das kleine Museum macht mit der Kultur der albanischen Minderheit bekannt.

Ristorante Kamastra ➡ E5
Piazza Municipio 4
Civita
✆ 09 81 733 87
www.kamastra.net
Albanische und kalabrische Bauernküche in einem urgemütlichen Lokal. €

Cosenza ➡ F5

Gegründet im 4. Jahrhundert v. Chr. machte Cosenza (64 000 Einwohner) mit einem historischen Ereignis von sich reden. Im Jahr 410 starb hier der Westgotenkönig Alarich an Malaria und wurde, samt reicher Beute, auf dem Grund des Flusses Busento begraben. Doch so sehr man auch danach suchte – gefunden wurde der Grabschatz nie.

Heute ist Cosenza Kultur- und Universitätsstadt. Durch die Altstadt führt der Corso Telesio mit stattlichen Bürgerhäusern, alteingesessenen Geschäften, vielen Lokalen. An der Piazza Grande steht die **Cattedrale S. Maria Assunta**, Cosenzas romanisch-gotischer

Blick über die Altstadt von Cosenza

Dom (13. Jh.). Im Inneren findet sich das Grabmal der Isabella von Aragon (1241–71). Die französische Königin hatte ihren Ehemann auf einem Kreuzzug begleitet und starb, schwanger, in Cosenza. Die Altstadtgassen führen auf den S. Pancrazio-Hügel, zum **Stauferkastell**. Etwas Zeit sollte man sich auch für die Neustadt nehmen. Der **Corso Mazzini** ist ein Freilichtmuseum mit Skulpturen namhafter Künstler wie Salvador Dalí und Giorgio De Chirico.

Cosenza Turismo ➡ F5
Piazza XI. Settembre
87100 Cosenza
✆ 328 17 544 22
www.cosenzaturismo.it

Castello Svevo ➡ F5
Via del Castello, Cosenza
✆ 09 84 181 12 34
Die Burg mit Thron- und Waffensaal kann besichtigt werden.

Antica Locanda dal Povero Enzo ➡ F5
Via Montesanto 42, Cosenza
✆ 09 84 288 61, www.facebook.com/AnticaLocandadalPoveroEnzo
Kleines Lokal in der Nähe des Corso Mazzini, kalabrische und toskanische Küche. €€

Gran Caffè Renzelli ➡ F5
Corso B. Telesio, Ecke Piazza Parrazio, Cosenza
✆ 09 84 268 14
Das historische Kaffeehaus ist Kult – auch wegen der köstlichen *dolci*.

Ausflugsziele:

Parco Nazionale della Sila ➡ F/G6
Località Cupone – Lago di Cecita
✆ 09 84 53 71 09
www.parcosila.it
Östlich von Cosenza erhebt sich das Hochplateau der Sila. Zum Schutz der letzten Urwälder Italiens wurde das Gebiet 1968 zum Nationalpark erklärt. Die in den 1920er Jahren angelegten Stauseen Lago Arvo und Lago di Cecita fügen sich harmonisch in die Landschaft ein. Markierte Wanderwege gibt es rund um Cupone. Camigliatello ist beliebtes Sommerausflugs- und Wintersportziel.

Bahnfahrt nach Camigliatello ➡ F6
Zwischen Cosenza (Stazione Vaglio Lise, ✆ 09 84 39 94 69) und Camigliatello pendelt eine Schmalspurbahn; ein Dampflock-Bähnchen

pendelt mehrmals pro Monat zwischen Camigliatello und Moccone (www.trenodellasila.it).

Altipiani ➡ F6
Via Roma 101
Camigliatello
✆ 09 84 57 87 66
www.inaltipiani.it
Organisiert Wanderungen, Bike-, Ski- oder Schneeschuhtouren. Zubehör wird verliehen.

Diamante ➡ E5

Der kleine Badeort (5000 Einwohner) besitzt einen schönen **Strand** und blieb im Gegensatz zu vielen anderen Orten der Umgebung von den Bausünden der 1970er und 1980er Jahre verschont.

In **Diamante-Cirella** malten Künstler aus dem In- und Ausland in den 1980er Jahren Bilder (Murales) auf die Fassaden leerstehender Häuser. Mit der Initiative sollte damals ein Kontrapunkt gegen den Abwanderungstrend gesetzt werden. Leider gelang es nicht, dauerhaft eine Künstlerkolonie zu etablieren.

A Cucchiarella ➡ E5
Via Cavour 6, Diamante
✆ 334 939 96 30
Rustikales, etwas versteckt gelegenes Restaurant nahe des Lungomare. €€

Grotta del Romito ➡ E5

Nahe der Ortschaft Papasidero wurde 1961 eine in der Steinzeit bewohnte Höhle entdeckt. Die Fachwelt staunte über die vor über 10 000 Jahren kunstfertig in die Höhlenwand geritzte Zeichnung eines Auerochsen.

Grotta del Romito/ Museum ➡ E5
Via Romito 44, Papasidero
Anfahrt über die A3, Abfahrt Casello di Mormanno, weiter auf der S.S. 504
✆ 09 81 830 78
www.papasidero.info

Guardia Piemontese ➡ F5

Wie eine Festung wirkt Guardia Piemontese (1900 Einwohner). Gegründet wurde der kleine Ort im 12. Jahrhundert von Waldensern, Glaubensflüchtlingen aus dem Piemont. Über Jahrhunderte konnten ihre Nachkommen ihren protestantischen Glauben praktizieren. 1561 wurden in und um Guardia Piemontese in einer

Berühmt für sein kristallklares Meer: der Strand von Diamante

Morano Calabro besteht aus einem Labyrinth von Häusern und Treppenwegen

einzigen Nacht von den Schergen der Inquisition rund 2000 Waldenser ermordet. An dieses Massaker erinnern die **Piazza della Strage** (Platz des Massakers) und die **Porta del Sangue** (Blutstor).

Centro di Cultura Gian Luigi Pascale ➡ F5
Piazza della Strage 2
Guardia Piemontese
✆ 329 911 14 05
Einblicke in Geschichte und Kultur der Waldenser.

Morano Calabro ➡ E5

Eingerahmt von den Bergen **Dolcedorme** (2267 m) und **Serra del Prete** (2181 m) liegt das malerische Morano Calabro (3900 Einwohner). Einen Rundgang beginnt man am besten im unteren Teil der Altstadt und »arbeitet« sich durch das Gassen-Labyrinth hinauf zu den Ruinen der **Normannen-Burg**.

Aussicht von den Zinnen der Normannenburg über Morano Calabro

Il Nibbio ➡ E5
Vico II Annunziata 11
Morano Calabro
✆ 334 880 32 92
www.ilnibbio.it
Unterhalb des Kastells zeigt ein Naturkundemuseum Flora und Fauna der Pollino-Region.

Um die fatalen Folgen der Abwanderung abzumildern, hat die Kulturinitiative Il Nibio auch verlassene Häuser saniert, die sie nun als »Ospitalità Diffusa« – über den historischen Ortskern verteilte Ferienunterkünfte – vermietet.

Paola ➡ F5

Der lange Kiesel-Sandstrand, gesäumt von Strandbädern, Bars, Restaurants und Hotels, ist das Ziel der meisten Touristen. Kulturinteressierte statten der **Wallfahrtskirche** einen Besuch ab, die zu Ehren des Heiligen Franziskus von Paola (1416–1507) oberhalb der Altstadt errichtet wurde. Die asketische Lebensweise des Eremiten, nachdem sich der Paulaner-Orden benennt, faszinierte viele seiner Zeitgenossen.

Santuario di S. Francesco ➡ F5
Largo S. Francesco di Páola 1
Paola
✆ 09 82 58 25 18
www.santuariopaola.it
In der Wallfahrtskirche wird die Reliquie des hl. Franziskus von Paola verehrt.

8 Parco Nazionale del Pollino ➡ D–F5/6

Vgl. S. 50 f.

Luigi Perrone ➡ E5
Corso Municipale 34
Mormanno
✆ 347 441 66 19
www.guidaparcopollino.it
Trekkingtouren durch den Pollino mit einem Nationalparkführer.

Rafting Calabria Fiume Lao ➡ E5
Corso Oliva
Papasidero
✆ 320 441 66 39
www.raftingfiumelao.com
Rafting-/Wildwassertouren unterschiedlicher Schwierigkeitsgrade.

Scalea ➡ E5

Scalea (11 400 Einwohner) gehört zu den ältesten Städten Kalabriens, der einst wichtige Hafen ist aber schon lange versandet. Der Besuch lohnt sich wegen der mittelalterlichen Altstadt mit einem Fürstenpalast aus dem 13. Jahrhundert. Wahrzeichen der Stadt ist der im 16. Jahrhundert unter der Herrschaft der Aragonesen errichtete Küstenturm **Torre Talao**.

Ausflugsziel:

Museo del Cedro ➡ E5
Via Imprese 52
Santa Maria del Cedro
✆ 09 85 425 98
www.cedrodicalabria.it
Im Hinterland, etwa auf halber Höhe zwischen Scalea und Diamante, liegt die Ortschaft Santa Maria del Cedro. In der Umgebung werden die Früchte angebaut, die der Küste ihren Namen gegeben haben – *cedri*, die Zedratzitronen. Das Museum informiert über Anbau und Verarbeitung.

Die herben Schwestern der Zitrone

Die Zedratzitrone

Costa dei Cedri – ein ganzer Landstrich ist nach der Zedratzitrone benannt, nach einer Zitrusfrucht mit dicker Schale und wenig Fruchtfleisch, das obendrein äußerst sauer ist. Doch das stört Kenner nicht. Ihnen geht es um die schrundige Schale, die – sobald man ein wenig an ihr reibt – einen angenehm frischen Duft verbreitet. Aus der Schale wird das Backaroma Zitronat hergestellt und auch die Kosmetik- und Parfümindustrie hat Verwendung für sie. Geschätzt wird das Citrusaroma vor allem als Kopfnote für Herrendüfte.

Weil die Früchte außer in Kalabrien so gut wie nirgendwo sonst auf der Welt gedeihen, kommen in jedem Sommer Rabbiner aus aller Herren Länder in das kalabrische Dorf **Santa Maria del Cedro** und suchen Früchte für das Laubhüttenfest, das jüdische Erntedankfest, aus. Nach ihrem Glauben ist die Zedratzitrone die Frucht vom Baum der Erkenntnis, der Eva im Paradies nicht widerstehen konnte und die sie Adam zum Kosten reichte. Vor den Augen der Rabbiner finden daher vor allem Früchte mit deutlicher Kerbe Gefallen. Mit etwas Fantasie lässt sich darin der »Biss Adams« erkennen.

Kalabriens Osten

Am Ionischen Meer, der kalabrischen Ostküste, gründeten griechische Siedler rund 800 Jahre v. Chr. ihre erste Kolonie. Viele andere folgten, ihre Siedlungen entwickelten sich zu den reichsten Städten im Mittelmeerraum der Antike. Ausgrabungsstätten und Museen geben Einblicke in diese faszinierende Epoche. Die Ionische Küste hat aber mehr zu bieten als Spuren der Vergangenheit – zum Beispiel die herrlichen Sandstrände bei Le Castella und eine faszinierende Unterwasserwelt im Naturschutzgebiet Riserva Marina di Capo Rizzuto.

Crotone ➡ G7

Mafiöse Machenschaften und die andauernde Wirtschaftskrise haben die Stadt (58 000 Einwohner) gezeichnet: Crotone hat ohne Frage schon bessere Zeiten gesehen. Inzwischen gibt es aber auch wieder positive Signale – das neue **Archäologische Museum** zum Beispiel. In der **Cattedrale S. Maria Assunta** wird die Ikone der Madonna del Capo Colonna verehrt, der Legende nach wurde sie vom Evangelisten Lukas persönlich gemalt. Dass Crotone Kalabriens wichtigster Fischereihafen an der Ionischen Küste ist, kommt Feinschmeckern zugute – vor allem am Lungomare gibt es ausgezeichnete Fischlokale.

ℹ Infopoint Centro Storico
➡ G7
Corso Vittorio Emmanuele 12
88900 Crotone
✆ 09 62 218 57

🏛 👁 Castello Carlo V/ Museo Civico ➡ G7
Piazza Castello, Crotone
✆ 09 62 92 15 35
Museum für Stadtgeschichte in der Burg mit Kunstobjekten, die einst Crotones Palazzi zierten.

🏛 Mueso Archeologico Nazionale ➡ G7
Via Risorgimento, Crotone
✆ 09 62 230 82
Hier lernt man Kroton kennen, das wichtigste Machtzentrum der Magna Graecia, Wirkungsstätte des Philosophen und Mathematikers Pythagoras. Herausragende Exponate sind die Weihgaben aus dem Hera-Tempel von Capo Colonna.

🍴 Da Ercole ➡ G7
Viale Gramsci 122, Crotone
✆ 09 62 90 14 25
ristorantedaercole.com
Ercole Villirillo verwöhnt seine Gäste mit exzellenten Fischgerichten und wurde dafür mit einem Michelin-Stern ausgezeichnet. €€€

Trutzburg am Ionischen Meer: Castello Aragonese auf der Landzunge Capo Rizzuto

Gerardo Sacco ➡ G7
Via S. Paternostro 11, Crotone
✆ 09 62 621 53
www.gerardosacco.com
Adresse für besonderen Schmuck – die Designer lassen sich von Reifen und Ringen inspirieren, mit denen sich einst die Damenwelt der Magna Graecia schmückte.

Ausflugsziele:

Capo Colonna/Parco und Museo Archeologico ➡ G7
Viale Magna Graecia, Crotone
12 km südöstlich von Crotone schiebt sich ein Kap ins Ionische Meer, der östlichste Punkt Kalabriens und der Ort, an dem die Bewohner des antiken Kroton im 5. Jh. v. Chr. eines der berühmtesten Heiligtümer des Altertums errichteten – den Tempel der Hera Lacinia. Nach der einzig verbliebenen Säule ist das Kap benannt. Hintergründe erhellen der Archäologische Park und das Museum.

Isola/Riserva Marina Capo Rizzuto ➡ G7
Südlich von Crotone und Capo Colonna liegt Isola Capo Rizzuto, ein geschützter Küstenstreifen mit feinsandigen Stränden. Die faszinierende Unterwasserwelt darf nur mit einem zertifizierten Guide erkundet werden.

Pietramara Natural Food
➡ G7
Località Praialonga
Isola di Capo Rizzuto
✆ 345 786 8708
www.praiaartresort.com
Eine Adresse für Gourmets: kreative Mittelmeerküche vom Feinsten – mit Michelin-Stern.

Profondo Blu ➡ G7
Contrada Fratte, 1, Le Cannella
✆ 349 747 56 27, www.facebook.com/p/DIVING-PROFONDO-BLU
Geführte Tauchgänge im Naturschutzgebiet Capo Rizzuto.

Capo Colonna: von dem berühmten Hera-Tempel steht nur noch eine einzige dorische Säule

Parco Archeologico di Sibari
➡ E6
Sybaris war in der Antike Inbegriff für Reichtum und Luxus, heute geben ein Museum und das leider nicht gerade gut in Schuss gehaltene, zeitweise sogar unzugängliche Ausgrabungsgelände Einblicke in den Alltag der griechischen Kolonie.

Ein Juwel byzantinischer Baukunst: die Chiesa San Marco in Rossano

Museo Archeologico della Sibaritide ➡ E6
Loc. Casa Bianca, Frazione Sibari, Cassano Allo Ionio
Anfahrt über die S.S. 196 r, Abzweig Richtung Laghi di Sibari
✆ 09 81 79 392

Parco Archeologico di Sibari ➡ E6
S.S. 106 r., Loc. Parco del Cavallo
Eintritt frei

Rossano ➡ F6

Inmitten uralter Olivenhaine erhebt sich Rossano (35 000 Einwohner) auf einem Felsplateau über dem Golf von Sybaris. Die Festung war lange eines der wichtigsten Zentren griechisch-orthodoxer Kultur in Süditalien. Den Bauwerken und Kunstschätzen aus byzantinischer Zeit verdankt Rossano den Beinamen »Ravenna des Südens«. Rossanos größter Schatz, der Codex purpureus Rossanensis, ist eine mit Silbertinte geschriebene Evangelienhandschrift (6. Jh).

Museo Diocesano ➡ F6
Via Largo Duomo 5, Rossano
✆ 09 83 52 52 63
www.museocodexrossano.it
Wertvollstes Exponat ist der Codex purpureus, eine der ältesten Evangelienhandschriften überhaupt, vermutlich in Syrien verfasst und im 7. Jh. von Mönchen auf der Flucht vor Arabern nach Kalabrien gebracht.

Duomo S. Maria Assunta ➡ F6
Piazza Duomo
Rossano
Die Kirche stammt aus normannischer Zeit (12. Jh.), aus byzantinischer Epoche (8./9. Jh.) ist ein Fresko mit dem Bildnis der Gottesmutter erhalten.

Café Tagliaferri ➡ F6
Piazza Santi Anargiri
Rossano
✆ 09 83 52 02 20
www.tagliaferri1900.it
Spezialität sind die mit Ziegenricotta gefüllten Cannoli, unbedingt probieren!

Liquirizia Giorgio Amarelli ➡ F6
Contrada Amarelli (an der S. S. 106)
Rossano
✆ 09 83 51 12 19
www.museodellaliquirizia.it
Lakritzfabrik mit Laden und Museum, kostenlose Führungen.

Kalabriens Süden

Der Süden Kalabriens – die Stiefelspitze – besticht bei Tropea mit mediterraner Bilderbuchlandschaft, in Reggio di Calabria mit pulsierenden Boulevards, mit Liberty-Architektur und den weltberühmten *Bronzi di Riace*. Im Hinterland lockt der Aspromonte Nationalpark mit Wanderwegen und Skipisten mit Meerblick. Der Golf von Squillace wartet mit feinen Sandstränden auf und auch mit archäologischen Funden aus der Epoche der Magna Graecia, dem Großgriechenland der Antike.

Catanzaro ➡ G6

Seit 1970 ist Catanzaro (84 000 Einwohner) Hauptstadt der Region. Die »Stadt zwischen den beiden Meeren« – das war sie von Anfang an. Von dem Bergrücken, über den sich das historische Zentrum erstreckt, kann man das Ionische Meer und an klaren Tagen auch das Tyrrhenische Meer sehen. Ein Abstecher zu großer Kunst im **Museo delle Arti** und ein Spaziergang durch den **Skulpturengarten** sind ein großer Genuss.

Pro Loco di Catanzaro ➡ G6
Via XX Settembre 26
88100 Catanzaro
✆ 09 61 05 24 58
www.italia.it/en/discover-italy/calabria/catanzaro.html

Museo delle Arti di Catanzaro (MARCA) ➡ G6
Via Allessandro Turco 63
Catanzaro
✆ 09 61 74 67 97
www.beniculturali.it
Moderne Kunst, darunter Werke des in Catanzaro geborenen Pop-Art-Künstlers Mimmo Rotella (1918–2006), sowie Kunst aus dem 16. bis 19. Jh.

Parco Internazionale della Scultura ➡ G6
Via Cortese 1, Catanzaro
✆ 09 61 79 59 25
Immer im Sommer präsentiert »Intersezioni« Werke internationaler Künstler auf dem Ausgrabungsgelände Parco Archeologico di Scolacium (vgl. S. 62). Ausgewählte Stücke verbleiben danach in Catanzaros Skulpturenpark.

Teatro Politeama ➡ G6
Via Jannoni, Catanzaro
✆ 09 61 50 18 19
www.politeamacatanzaro.net
Theater nach Plänen des Stararchitekten Paolo Portughesi.

Bacchus ➡ G6
Viale dei Normanni 28
Catanzaro
✆ 09 61 75 30 13
Kleines Restaurant mit behaglicher Atmosphäre und exquisiten Regionalgerichten, zu empfehlen ist das Degustationsmenü. €€

Caffè Imperiale ➡ G6
Corso Mazzini 161, Catanzaro
✆ 09 61 74 32 31
Kaffee, hausgemachte *dolci* und *gelati* seit 1892.

Über den Dächern der »Stadt zwischen den Meeren«: Catanzaro

Ausflugsziele:

Squillace/Squillace Lido ➡ G6
Im mittelalterlichen Squillace wird die antike Keramikkunst der Magna Graecia bis heute in zahlreichen Werkstätten gepflegt. Squillace Lido ist ein beliebter Badeort. Die feinsandigen Strände von **Copanello** und **Soverato** gehören zu den schönsten in Kalabrien.

Castello Normanno ➡ G6
Piazza Castello
Squillace
✆ 338 320 89 67
Die Ruine ist gut konserviert. Hier war zu Beginn des 17. Jh. der Philosoph Tommaso Campanella inhaftiert – wegen Unterstützung einer Verschwörung gegen die spanischen Herrscher und den Klerus.

Parco Archeologico di Scolacium ➡ G6
Via Scylletion1
Borgia, Loc. Rocceletta
✆ 09 61 39 13 56
Eintritt Park und Museum frei
Zwischen Olivenbäumen ragt die unvollendete Normannenkirche S. Maria della Roccella (11. Jh.) empor. Als Baumaterial dienten die Ruinen des antiken Skylletion. Dort haben Archäologen Reste von Amphitheater und Forum aus römischer Zeit freigelegt. Auf dem Ausgrabungsgelände finden Musik- und Theaterveranstaltungen statt, auch die Kunstaustellung Intersezioni (vgl. S. 61)

Gerace ➡ H6

Der Ort (2400 Einwohner) entwickelte sich dank der Flüchtlinge aus dem nahegelegenen **Lokroi Epizephyrioi**. Diese hatten ihren nahe der Küste gelegenen Heimatort Ende des 8. Jahrhunderts aus Furcht vor Sarazenenangriffen verlassen. Unter den Normannen konnte sich Gerace wirtschaftlich und kulturell entfalten. Heute ist die Normannenburg zur Ruine verfallen. Beeindruckend ist die **Cattedrale S. Maria Assunta**, mit 73 Metern Länge und 26 Metern Breite die größte Kirche Kalabriens und eines der wichtigsten Bauwerke aus normannischer Zeit.

Grandios: die romanisch-normannische Kathedrale von Gerace

Auf der Piazza Repubblica im kleinen Städtchen Pizzo

Cattedrale S. Maria Assunta ➡ H6
Via Duomo, Gerace
Die Säulen der romanischen Kirche (11. Jh.) stammen aus den Tempeln des antiken Lokroi.

Parco Nazionale del Aspromonte/Besucherzentrum ➡ H/J5/6
Ex-Convento S. Francesco, Gerace
✆ 09 64 35 63 40
Gerace ist ein Tor zum Aspromonte-Nationalpark (vgl. S. 65), im Besucherzentrum gibt es Wandertipps und Karten.

Asquella ➡ H6
Via della Resistenza 8, Gerace
✆ 09 64 35 60 86
Leckere kalabresische Hausmannskost – unwiderstehliche Antipasti und hausgemachte Pasta. Reservieren! €

Ausflugsziele:

Lokroi Epizephyrioi/ Archäologisches Museum und Gelände ➡ H6
6 km südöstlich von Gerace
Contrada Marasa, Locri
✆ 09 64 39 00 23
www.locriantica.it
Lokroi Epizephyriori war neben Kroton, Sibari und Rhegion (Reggio Calabria) eines der Machtzentren des antiken Großgriechenlands. Ausgrabungen und Museum geben Einblicke in Kultur und Alltag in der antiken Stadt.

Museo d'Arte Moderna Santa Barbara ➡ H6
Via Santa Barbara (an der S.S. 682) Mammola
✆ 333 243 34 96
www.musaba.org
Moderne Kunst im einstigen Kloster und im Klostergarten.

Pizzo ➡ G5
Pizzo (8700 Einwohner) am Golf von San Eufemia ist für Dreierlei bekannt – für Thunfisch-Fang, für das Kastell, in dem Joachim Murat, der Schwager Napoleons, hingerichtet wurde, und für *tartufo* – Speiseeis mit einem Herz aus flüssiger Schokoladencreme. Die Via San Francesco lädt zum Einkaufsbummel ein.

Castello Murat ➡ G5
Scesa Castello Murat, Pizzo
✆ 09 63 53 25 23
www.castellomurat.it
In der Festung sind die letzten Lebensstunden des Joachim Murat, der 1808–15 König von Neapel war, mit lebensgroßen Puppen nachgestellt.

Bummeln auf dem Corso Garibaldi in Reggio di Calabria

Piazza Repubblica ➡ G5
An der Piazza Repubblica in unmittelbarer Nähe des Kastells übertreffen sich die Eismacher mit ihrer Gelati-Kunst.

9 Reggio di Calabria ➡ J5

An der Meerenge von Messina markiert Reggio Calabria (172 000 Einwohner) die Spitze des italienischen Stiefels. Das Image der größten Stadt Kalabriens ist schlecht – schuld daran ist der Mafia-Filz, der auch dazu führte, dass Reggio den Status als Regionalhauptstadt 1970 an Catanzaro verlor. Trotzdem sollte man sich Zeit nehmen, um die schönen Seiten der im 8. Jahrhundert v. Chr. von Griechen als **Rhegion** gegründeten Stadt zu entdecken. Denn die gibt es durchaus, auch wenn die verheerenden Erdbeben von 1783 und 1908 fast alle baulichen Zeugnisse vergangener Jahrhunderte vernichtet haben.

Seit dem Wiederaufbau zu Beginn des 20. Jahrhunderts bestechen der Prachtboulevard **Corso Emmanuele** ➡ bD3–bG2 mit noblen Palazzi und die Flanier- und Einkaufsmeile **Corso Garibaldi** ➡ bD3–bG2 mit Liberty-Architektur. Der Lungomare bietet einen umwerfenden Blick auf den Ätna.

Einen schönen Strand hat Reggio auch und eine Attraktion von Weltrang: Die *Bronzi di Riace*, zwei überlebensgroße, nackte Kriegerfiguren aus dem 5. Jahrhundert v. Chr., die in Perfektion das Schönheitsideal der griechischen Antike verkörpern. Rund 2000 Jahre lagen sie auf dem Meeresboden, bis sie ein Hobbytaucher 1971 vor der Küste bei Riace Marina entdeckte. Vermutlich wurden sie bei einem Sturm oder einem Angriff von

Ausgesaugt von der 'Ndrangheta

Dass die Mafia zum italienischen Süden gehört wie glutheiße Sommersonne und türkisblaues Meer, ist allgemein bekannt. Dabei ist Mafia nur der Oberbegriff für die kriminellen Vereinigungen, die in den verschiedenen Regionen aktiv sind. Sizilien hat seine *Cosa Nostra*, Kampanien die *Camorra*, Kalabrien die *'Ndrangheta*. Letztere ist inzwischen die mächtigste aller italienischen Mafia-Organisationen und macht ihre Geschäfte weltweit – mit Erpressung, Prostitution, gefälschter Markenware, Menschenhandel und Drogen.

Wer verstehen will, wie der Krake Mafia so groß werden und weite Teile des Landes in den Würgegriff nehmen konnte, muss weit in die Geschichte zurückblicken. Schon Anfang des 19. Jahrhunderts bildeten sich auf Sizilien die ersten Mafia-Keimzellen. Ursprünglich setzten sich *mafiosi* (die Kühnen) gegen die Ausbeutung der Landbevölkerung durch raffgierige Großgrundbesitzer zur Wehr. Sie organisierten Entführungen, Viehdiebstal, erpressten Schutz- und Lösegelder, sorgten in einer ungerechten Gesellschaft für eine gewisse Umverteilung. Wer mit den Banden kooperierte, konnte teilhaben an deren Profit. So eroberten sich die kriminellen Clans einen festen Platz in der Gesellschaft, wurden selbst Teil des Systems.

Bord geworfen, Wrackteile eines gesunkenen Schiffes sichtete man am Fundort der Bronzen nicht. Besucher können sie in einem besonders klimatisierten Raum im **Museo Archeologico** ➡ bD3 bewundern.

Tourist Information ➡ bF4
Corso Garibaldi 329
89127 Reggio Calabria
✆ 09 65 892 12
turismo.reggiocal.it
Im Sommer gibt es auch einen Infokiosk am Lungomare.

Museo Archeologico Nazionale ➡ bD3
Piazza Giuseppe De Nava 26
Reggio Calabria
✆ 09 65 89 82 72, www.museoarcheologicoreggiocalabria.it
Hier sind die weltberühmten Bronzekrieger (*Bronzi di Riace*) zu Hause.

La Cantina della Suocera ➡ bC2
Via Pritanei 10
Reggio Calabria
✆ 333 591 91 05
Hier kocht »die Schwiegermutter« (la suocera) Klassiker aus der kalabresischen Küche – z. B. Pasta »Mare Monti« mit Pilzen und Meeresfrüchten. Köstlich! €€

La Sosta ➡ H/J5
Via Monsignor Bergamo
Villa San Giovanni
✆ 09 65 75 24 55, www.lasosta.net
Interessanter Jazz- und Blues-Club mit Restaurant. €€

Guide Calabria
✆ 09 65 64 47 95
www.guidecalabria.it
Geführte Touren und Wanderungen mit Tommaso Misiano, einem staatlich geprüften Guide.

Ausflugsziele:

Parco Nazionale del Aspromonte/Nationalparkverwaltung ➡ H/J5/6
Via Aurora 1, Loc. Gambarie
89050 S. Stefano in Aspromonte
✆ 09 65 74 30 60, www.parconazionaleaspromonte.it
Im Hinterland von Reggio Calabria erheben sich die Gipfel des Aspromonte. Der Ort Gambarie ist ein Ganzjahresausflugsziel, bietet gute Wandermöglichkeiten, im Winter Skipiste und Sessellift.

Ristorante Miramonti ➡ J5
Via degli Sci 10, Loc. Gambarie
✆ 09 65 74 31 90
www.hotelmiramontigambarie.it
Wild- und Pilzgerichte direkt an der Skipiste. €€

Vom Berg Aspromonte aus kann man bis zum Ätna auf Sizilien blicken

Das Kastell von Scilla: Laut Homers Odyssee trieb am Felsen das mythologische Seeungeheuer Skylla sein Unwesen

Aspromonte Up & Down ➡ J5
Via degli Sci 10, Loc. Gambarie
✆ 339 816 18 14
www.gambarie.org
Vermittelt Guides für Trekking-, Ski- und Biketouren.

Scilla ➡ H5

Der Felsen von Scilla (4500 Einwohner) wird schon in der Odyssee beschrieben, als Heimstatt eines Ungeheuers. Heute besticht der Ort in zauberhafter Lage am Stretto mit sauberen Stränden, romantischen Fischerhafen und netten Restaurants.

Castello dei Ruffo ➡ H5
Piazza San Rocco
Scilla
Das Burgmuseum informiert u. a. über die Geschichte der bis heute gängigen Schwertfischjagd.

Ristorante Bleu de Toi ➡ H5
Via Grotte 40, Scilla
✆ 09 65 75 42 21
www.bleudetoi.it
Fisch und Muscheln dominieren die Speisekarte. Romantisch sitzt man im Sommer auf dem langen, mit Kerzen beleuchteten Steg direkt über dem Meer. €€–€€€

Zanzibar ➡ H5
Via Omiccioli, Scilla
Im Winter geschl.
Gelati, hausgemacht und lecker.

Scilla Diving Center ➡ H5
Via Annunziata 95, Scilla
✆ 331 980 12 73
www.scilladiving.it
Der Meeresgrund bei Scilla lockt Taucher mit Farbenvielfalt, Felsen- und Unterseegrotten. Die Tauchschule bietet auch nächtliche Tauchausflüge an.

10 Tropea ➡ H5

Dutzende Meter über dem Meer thront Tropea (5900 Einwohner) malerisch auf einem Tuffsteinfelsen. Unten säumen gepflegte, feinsandige Strände das türkisblaue Wasser. Auf einem der Altstadt vorgelagerten Felsen haben Benediktiner die Wallfahrtskirche **Santa Maria dell'Isola** errichtet. Eine steile Treppe verbindet Strand und Stadt. Oben angelangt führt die Via Indipendenza zur quirligen Piazza Ercole.

Über die Via Roma gelangt man zur im normannischen Stil errichteten Kathedrale **Santissima di Romania** (12./13. Jh.). Zwei Bomben, die von den Amerikanern im August 1943 über Tropea abgeworfen wurden, explodierten nicht und werden seither in der Kathedrale, links und rechts des Eingangsportals, aufbewahrt.

Pro Loco di Tropea ➡ H5
Piazza Ercole 29
89861 Tropea
✆ 09 63 614 75
www.prolocotropea.eu

Osteria del Pescatore ➡ H5
Via del Monte 7
Tropea
✆ 09 63 66 67 91
Tolle Adresse für Fischliebhaber. €€

Pizzeria Vecchio Forno ➡ H5
Via Caivano 20, Tropea
✆ 340 297 40 85
Rustikale Pizzeria, freundlicher Service, immer gut besucht. €

Ausflugsziel:

Capo Vaticano ➡ H5
11 km südlich von Tropea liegt Capo Vaticano – eine steil abfallende Landzunge mit duftender Macchia, hellen Sandstränden, kristallklarem Wasser. Auf militärisch abgesperrtem Gebiet steht ein kleiner weißer Leuchtturm, in seiner Nachbarschaft bieten zwei Ausflugslokale (geöffnet Ostern–Okt.) Gelegenheit, den Blick aufs Meer, auf filmreife Sonnenuntergänge und den bisweilen feuerspeienden Stromboli bei einem Drink zu genießen.

Stilo ➡ H6

An den Hängen des Monte Consolino überragt das mittelalterliche Stilo (2500 Einwohner) die wildromantische Fiumare-Flusslandschaft. Weithin sichtbar thront am oberen Ortsrand die kleine byzantinische Kreuzkuppelkirche **La Cattolica** (10. Jh.). Der rote Ziegelbau mit fünf Tambourkuppeln diente einst orthodoxen Mönchen als *katholikón* (lithurgisches Zentrum).

La Cattolica ➡ H6
Via Cattolica, Stilo
Die Kirche ist eines der schönsten byzantinischen Bauwerke überhaupt.

Ausflugsziel:

Museo della Certosa ➡ H6
Contrada Certosa 1, Serra San Bruno
✆ 096 37 06 08
www.museocertosa.org
In den Wäldern der Serre gründete der heilige Bruno von Köln 1091 eine Kartause, 1783 durch ein Erdbeben zerstört. Mitte des 19. Jh. wurde ein neues Kloster errichtet, in dem noch heute Mönche leben. Einblicke in die Welt der Kartäuser gibt das Museum. Auf den Spuren des heiligen Bruno wandelt man beim Waldspaziergang von der Certosa S. Stefano zur Kirche S. Maria del Bosco. Unterwegs werden in einem Blockhaus köstliche Waldpilz-Nudelgerichte serviert. ■

Die Wallfahrtskirche Santa Maria dell' Isola über dem Strand von Tropea

Apulien, die Basilikata und Kalabrien in Zahlen und Fakten

Von oben nach unten: die Flaggen der Regionen Apulien, Basilikata und Kalabrien

Lage und Größe: Die Regionen Apulien (rund 19400 km²), Basilikata (rund 10000 km²) und Kalabrien (rund 15000 km²) nehmen Sporn, Absatz, Sohle und Spitze des italienischen Stiefels ein. Apulien erstreckt sich mit rund 800 km Küste am Adriatischen und Ionischen Meer. Die Basilikata öffnet sich mit 40 km Sandstrand zum Ionischen und mit knapp 25 km Steilküste – an Italiens Westküste – zum Tyrrhenischen Meer. Kalabrien an der Stiefelspitze hat 780 Küstenkilometer zu bieten, flachabfallend und langgestreckt sind die Strände am Ionischen Meer, mit malerischer Steilküste und von Felsen eingerahmten Badebuchten wartet die Tyrrhenische Seite auf.

Profil: Apulien wird von hügeliger Karstlandschaft (45%) und fruchtbaren Ebenen (54 %) geprägt, bergig ist nur 1% der Oberfläche. Durch Kalabrien und die Basilikata zieht sich der Apennin. Das Territorium der Basilikata ist nur zu 8% eben, 45% der Landesfläche sind hügelig, 47% bergig. Kalabrien ist zu 41,8 % bergig, zu 49,3% hügelig, zu 8,9 % flach.

Bevölkerung: Mit einer Bevölkerungsdichte von 55 Einwohner/km² ist die Basilikata nach dem Aostatal die am dünnsten besiedelte Region Italiens. In Kalabrien leben im statistischen Durchschnitt 128 Einwohner/km², deutlich dichter besiedelt ist Apulien mit derzeit 210 Einwohner/km². Migranten, die zu Tausenden an den Küsten Süditaliens anlanden, sind in diesen Statistiken nicht erfasst.

Politische Gliederung: Die Basilikata (533000 Einwohner) gliedert sich in die Provinzen Matera und Potenza, Potenza (64000 Einwohner) ist auch Regionalhauptstadt. Kalabrien (1,8 Mio. Einwohner) ist in fünf Provinzen unterteilt, die einstige Regionalhauptstadt Reggio di Calabria (182000 Einwohner) hat ihren Status 1970 an Catanzaro (84000 Einwohner) verloren. Apulien (rund 4 Mio. Einwohner) ist in sechs Provinzen gegliedert, Regionalhauptstadt ist Bari (316000 Einwohner).

Wirtschaft: Jahrzehntelang hat eine unterentwickelte Infrastruktur größere Industrieansiedlungen in Süditalien verhindert. Erst durch Förderprogramme seit den 1970er Jahren sind einige Industriezentren entstanden. Die aus ökologischen Gründen umstrittene Stahlfabrik in Taranto stellt ein Drittel des italienischen Stahls her und beschäftigt rund 10000 Menschen. Wichtige Wirtschaftszweige sind Land- und Fortwirtschaft, Apulien gehört zu den größten Weinerzeugern des Landes – die Zahl der Beschäftigten in diesen Sektoren ist aber verschwindend gering. In allem drei Regionen ist die hohe Jugendarbeitslosigkeit ein riesiges Problem. Besonders dramatisch ist die Situation in Kalabrien: Nicht einmal jeder dritte der 20 bis 34-Jährigen steht in einem regulären Arbeitsverhältnis. Die Abwanderung und das Ausbluten vor allem kleinerer Orte sind ungebremst.

Anreise, Einreise

Mit dem Auto/Motorrad

Die Anreise mit dem eigenen Fahrzeug ist lang (München–Bari 1240 km), bietet aber vor Ort etliche Vorteile. Gen Süden führt die A8 München–Innsbruck–Brenner über Bozen (als A22) nach Modena. Ab Bologna geht es auf der A14 entlang der Adriaküste nach Foggia in **Apulien** und weiter nach Bari. Ist die **Basilikata** das Ziel, verlässt man die A14 auf Höhe von Bari, fährt landeinwärts Richtung Altamura und von dort (S.S. 99) nach Matera. Venosa im Norden lässt sich ab Altamura (über Gravina di Puglia) ebenfalls gut erreichen.

Wer **Kalabrien** und die Tyrrhenische Küste ansteuert, nimmt ab Bologna die A1 über Florenz, Rom und Neapel. Neapel lässt sich auf der A30 umfahren. Bei Salerno trifft die A30 auf die A3, die bis in den äußersten Süden, nach Reggio di Calabria, führt.

Mit der Bahn

Ab Deutschland, Österreich und der Schweiz gibt es schnelle Eurocity-Verbindungen nach Mailand und Bologna.

Während die DB ihre Nachtzüge eingestellt hat, bieten die österreichischen ÖBB ihre Nightjet-Verbindungen auch ab München nach Milano Centrale an.

Ab Mailand oder Bologna verkehren die Schnellzuglinien **Frecciabianca** und **Frecciarossa** nach Apulien, tagsüber beinahe im Stundentakt (Mailand–Bari etwa sieben Stunden, Mailand–Lecce etwa neun, Bologna–Bari in knapp sechs Stunden). Tickets können online gebucht werden unter www.trenitalia.com; die Preise schwanken je nach Datum und Tageszeit. Die Verbindung Mailand–Reggio di Calabria erfordert einen Umstieg in Neapel. Praktisch sind auch Nachtzugverbindungen, z. B. zwischen Mailand und Vibo Valentia (nahe Tropea).

Mit dem Flugzeug

Apulien hat mit **Bari** ➡ B6 und **Brindisi** ➡ C8 zwei internationale Flughäfen. Mehrere Airlines bieten im Sommer Direktflüge nach Bari ab München (Flugzeit 1 Stunde, 40 Minuten) und vielen anderen deutschen Flughäfen an. Außerhalb der Hauptsaison gibt es Verbindungen mit Stopp in Mailand oder Rom. Bei Verbindungen ab Zürich und Wien ist fast immer ein Zwischenstopp erforderlich. Brindisi wird – auch im Sommer – ab Deutschland, Österreich und der Schweiz meist nur mit Umsteigeverbindungen angeflogen. Für Ziele in der Basilikata bietet sich der Flughafen Bari an, von dort gibt es gute Bahn- und Straßenanbindung nach Matera.

Das Städtchen Vieste in Apulien liegt am »Sporn« des langen Stiefels von Italien

Auch Kalabrien hat mit **Reggio di Calabria** ➡ J5 und **Lamezia Terme** ➡ G5 (60 km bis Tropea) zwei internationale Flughäfen. An allen Flughäfen gibt es Mietwagenanbieter.

Einreisebestimmungen
Trotz offener Grenze ist die Mitnahme eines gültigen Personalausweises oder Reisepasses auch für EU-Bürger vorgeschrieben. Jedes Kind braucht für Auslandsreisen ein eigenes Reisedokument, Eintragungen im Pass der Eltern gelten nicht mehr.

Auskunft

ENIT Deutschland
Schaumainkai 87
60596 Frankfurt a. Main
✆ (069) 68 60 47 65
www.enit.it

ENIT Österreich
Mariahilfer Str. 1 B
1060 Wien
✆ 01 505 16 39, www.enit.it

ENIT Schweiz
Tödistr. 65, 8002 Zürich
✆ 04 45 44 07 97
www.enit.it

In Italien:

Puglia Promozione
www.viaggiareinpuglia.it
Auf der Website stehen die Adressen aller Info Points in Apulien.

APT di Basilicata ➡ C4
Via del Gallitello 89, 85100 Potenza, ✆ 09 71 50 76 11 und
Via De Viti De Marco 9, 75100 Matera, ✆ 08 35 33 19 83
www.aptbasilicata.it
Website auch auf Deutsch und Englisch.

Calabria Turismo ➡ G6
Viale Europa, 88100 Catanzaro
✆ 800 84 12 89, www.facebook.com/TurismoRegioneCalabria

Automiete, Autofahren

Mietwagenanbieter sind an allen Flughäfen und in den größeren Orten vertreten. Es empfiehlt sich, das Auto schon von zu Hause aus online zu buchen, vor Ort werden in der Regel deutlich höhere Preise verlangt. Angebote internationaler und lokaler Mietwagenfirmen findet man unter www.billiger-mietwagen.de. Achten Sie darauf, dass Vollkasko-

Die Festung auf der Insel San Nicola (Apulien)

versicherung und Diebstahlschutz im Mietpreis enthalten sind.

Voraussetzungen: Wer einen Mietwagen fahren will, muss mindestens 21 Jahre alt, im Besitz einer Kreditkarte und natürlich eines gültigen Führerscheins sein.

Dokumente

Das Mitführen von Führerschein und Fahrzeugschein ist Pflicht. Im Falle eines Unfalls wird in Italien im Gegensatz zu den meisten EU-Ländern oft immer noch die grüne Versicherungskarte verlangt.

Straßenverkehr

Gute Nerven sind von Vorteil, wenn man sich in den süditalienischen Straßenverkehr begibt. Die Fahrweise im Süden ist für Mitteleuropäer zunächst einmal gewöhnungsbedürftig. Auf Autobahnen zockeln viele mit gemächlichem Tempo dahin – oft in ein gestenreich geführtes Gespräch mit dem Beifahrer verwickelt. Durch die Städte schieben sich Blechlawinen, lange Staus im Berufsverkehr sind an der Tagesordnung und jede noch so kleine Lücke wird genutzt, um sich im Verkehrsgetümmel einen winzigen strategischen Vorteil zu verschaffen, häufig wird dabei auch von rechts überholt. Stress und Chaos erträgt man besser, wenn man Ruhe bewahrt, für innerstädtische Strecken reichlich Zeit einplant und sich durch die permanente Huperei nicht aus der Ruhe bringen lässt. Gut zu wissen: Das Hupen ist nicht aggressiv gemeint, sondern ein Mittel der Kommunikation.

Eine **Parklücke** in der Innenstadt zu finden ist ebenfalls eine Geduldsprobe. Idealerweise nutzt man einen großen Parkplatz oder ein Parkhaus am Rande der City. Gelb-schwarz markierte Bordsteine und die Schilder *passo caribile* (Zufahrt freihalten), *sosta vietata* (Parkverbot) und *zona rimozione* (Abschleppzone) bezeichnen die Stellen, an denen man den Wagen auf keinen Fall abstellen darf. Blaue Bordsteinkannten markieren gebührenpflichtige Parkplätze. Parkscheine dafür kann man am Automaten lösen, und wo es keinen Automaten gibt, kauft man sie beim *Tabacchi* (Tabakgeschäft, mit großem T gekennzeichnet).

Typisch italienisch: die Vespa

Immer mehr italienische Städte weisen Zonen mit generellem oder eingeschränktem **Fahrverbot** (z. B. nur für Anwohner) aus – gekennzeichnet werden sie durch Schilder mit der Aufschrift *zona traffico limitato (ztl)*.

Tanken

Einfuhr und Transport von Benzin in Kanistern sind verboten. An italienischen Zapfsäulen gibt es bleifreies Benzin (95 Oktan, *senza piombo*), Super (97 Oktan) und Diesel (*gasolio*). Tankstellen sind in der Regel werktags 7–12.30 und 15–20 Uhr, an den Autobahnen rund um die Uhr geöffnet.

Verkehrsregeln

Eins vorweg: Verkehrssünder werden in Italien kräftig zur Kasse gebeten! Bußgeldbescheide sollten möglichst vor Ort bezahlt werden,

z. B. auf der Polizeidienststelle. Die Zustellung an die Heimatadresse ist mit einem Gebührenaufschlag verbunden. Wem der Bußgeldbescheid ungerechtfertigt erscheint, sollte unverzüglich Widerspruch einlegen.

Im Auto besteht **Gurtpflicht**, für Motorrad- und Vespa-Fahrer und -Beifahrer Helmpflicht. Die **Promillegrenze** liegt bei 0,5 ‰. Das **Tempolimit** in geschlossenen Ortschaften beträgt 50 km/h, auf Landstraßen 90 km/h, auf Schnellstraßen 110 km/h und auf Autobahnen 130 km/h. Reservekanister mitzuführen ist in Italien verboten.

Außerhalb geschlossener Ortschaften muss auch tagsüber das **Abblendlicht** eingeschaltet sein, für Motorradfahrer gilt das auch innerorts. **Warnwesten** für Fahrer und Beifahrer müssen im Autoinnenraum mitgeführt und im Falle eines Unfalls oder einer Panne beim Verlassen des Fahrzeugs getragen werden.

Auf den Spuren der Staufer: Portal-Löwe der Mariä-Himmelfahrtskathedrale Friedrichs II. in Altamura

Maut

Die meisten italienischen Autobahnen sind gebührenpflichtig. Bei der Auffahrt zieht man ein Ticket, beim Verlassen der Autobahn entrichtet man die angefallenen Gebühren in bar, per Kreditkarte oder lässt den Betrag automatisch von einer Viacard abbuchen. Die bekommt man – im Wert von € 25 oder € 50 – an italienischen Autobahnraststätten, unter www.tolltickets.com kann man sie aber auch online bestellen.

Diplomatische Vertretungen

Deutsche Botschaft
Via San Martino della Battaglia 4
00185 Rom
✆ 06 49 21 31
italien.diplo.de

Deutsches Honorarkonsulat in Bari ➡ aC5
Via Argiro 7
70122 Bari
✆ 080 522 75 37
bari@hk-diplo.de

Österreichische Botschaft
Via Pergolesi 3
00198 Rom
✆ 06 844 01 41
www.bmeia.gv.at

Österreichisches Konsulat in Bari ➡ aB4
Via Pasquale Vallari 50
70122 Bari
✆ 080 975 77 36
marzio.musolino@smade.com

Schweizer Botschaft
Via Barnaba Oriani 61
00197 Rom
✆ 06 80 95 71
www.eda.admin.ch/roma

ⓘ Schweizer Konsulat in Bari
➡ aD5
Piazza Luigi Di Savoia 41 A
70121 Bari
✆ 080 524 96 97
bari@honrep.ch

Einkaufen

Essen hat in Italien einen hohen Stellenwert, eine gute Mahlzeit ist ein Stück Lebensfreude und **gute Lebensmittel** gehören selbstverständlich dazu. Auf Wochen- und Fischmärkten ist das Angebot an frischer Ware riesengroß, auch an den Frischetheken der *alimentari* (Lebensmittelgeschäfte) bekommt man in der Regel sehr gute Wurst- und Fleischwaren und auch regionale Käsesorten in ordentlicher Qualität. Um lange Warteschlangen und Gedränge zu vermeiden, muss man in den größeren Supermärkten – wie in Deutschland auf dem Amt – am Bedientresen eine Nummer ziehen. Wer genügend Platz im Kofferraum hat, kann an einer *cantina* (Weinkellerei) oder einem *frantoio* (Ölmühle) Halt machen und mit einer Kiste Lieblingswein und/oder einem Kanister Olivenöl (nur vom Feinsten, also *extra vergine*) kulinarische Urlaubsverlängerung in die eigene Küche holen. Immer mehr Direkterzeuger schicken ihre Produkte auch per Spedition über die Alpen, wer mag, kann online nachbestellen.

Zu den kulinarischen Mitbringseln, die das Urlaubsgepäck kaum belasten, gehören getrocknete Kräuter, für intensive Würze sorgt getrockneter Wild-Oregano. Dekorativ und nützlich sind auch Knoblauchzöpfe oder getrocknete, am Bindfaden aufgefädelte feuerrote Peperoncini, die in Kalabrien auch gern als *viagra naturale* an den Mann gebracht werden. Getrocknete Steinpilze und unter der südlichen Sonne

Handbemalte Keramik aus den Werkstätten von Grottaglie

gereifte und getrocknete *pomodori* (Tomaten) machen in der heimischen Küche ebenfalls Freunde, auch Käse (vakuumverpackt) und luftgetrocknete Salami (besonders pikant ist die mit Peperoncini angereicherte *salame calabrese*) schmecken zu Hause immer noch köstlich. Für ausgezeichnete Lakritze ist der Ort Rossano an der Ionischen Küste Kalabriens bekannt, die Verpackung – nostalgische Blechdosen – macht das Mitbringsel besonders attraktiv.

Schönes, Originelles und Nützliches entsteht in den Werkstätten lokaler **Kunsthandwerker**. In Grottaglie lebt die mittelalterliche Keramikproduktion bis heute fort, in Lecce formen geschickte Hände Dekoratives aus *cartapesta* (Pappmaschee), einem Material, das man auch »Marmor der Ar-

Für mehr Würze in der heimischen Küche: kalabrische Peperoncini

Fangfrische Fische bereichern die Speisekarte Süditaliens

men« nennt. Der Salento ist für feinste Spitze bekannt, antike Goldschmiedekunst inspiriert Kalabriens Juweliere und im kalabrischen Seminara (nördlich von Scilla) werden nach alter Tradition *Spaventose* hergestellt, furchterregende Masken, die das Böse abwehren sollen und die, Aberglaube beiseite, auch dekorativer Wandschmuck sind.

Italien ist aber auch die Heimat der *alta moda* und in den größeren Städten locken schicke **Designer-Boutiquen** mit den neuesten Kreationen für den Körper und den passenden Accessoires. Gefälschte Designerware wird von fliegenden Händlern entlang der Shoppingmeilen und an touristischen Orten feilgeboten. Achtung: Nicht nur die Verkäufer, auch die Kunden der gefakten Marken-Taschen und Designer-Sonnenbrillen machen sich strafbar. Manchmal drückt die Polizei ein Auge zu. Wenn nicht, kann der Billig-Einkauf richtig teuer werden.

Essen und Trinken

Die Gaumenkitzel des Südens sind schon Grund genug, Apulien, die Basilikata und Kalabrien zu bereisen. Wer gern Fisch und Meeresfrüchte isst, kann vielerorts in beidem schwelgen. Horrende Summen kostet das kulinarische Vergnügen nicht. In den meisten Lokalen sind die Preise für die maritimen Delikatessen, verglichen mit denen in Deutschland, Österreich oder gar der Schweiz, durchaus moderat. Bei allen regionalen Unterschieden haben die Küchen der süditalienischen Regionen einige gemeinsame Grundpfeiler: Hartweizenpasta, Hülsenfrüchte und jede Menge frisch geerntetes Gemüse bilden die Basis für vielerlei Speisen. Viele Gerichte der Alltagsküche kommen ganz ohne Fleisch aus. In Apulien sollten Sie unbedingt Orecchiette (Nudeln in Öhrchenform) mit Tomaten und Ziegenricotta probieren! Aber auch Schweinefleisch- und Lammgerichte fehlen selten auf

Frischer Fisch steht in vielen Restaurants auf der Tageskarte

Geformt wie kleine Ohren: »Orecchiette«, Nudeln aus Apulien

der Speisekarte, vor allem nicht, wenn man in ländlichen Regionen in ein rustikales Lokal einkehrt. Luftgetrocknete Salami und würziger Käse werden oft schon als Antipasti gereicht. Olivenöl *extra vergina* und ein Potpourri aus frischen Kräutern veredeln Gemüse und Salat.

Als **Weinbauregion** kann sich Süditalien einer fast 2800-jährigen Kultur rühmen. Apulien gehört mit den dunkelroten, vor allen aus Primitivo- und Negro Amaro-Reben gekelterten Weinen, zu Italiens produktivsten Weinbauregionen. In jüngster Vergangenheit haben auch die Weine der Basilikata, allen voran der Rote Aglianico del Vulture, in Kennerkreisen viel Lob und so manche Auszeichnung geerntet.

Feiertage, Feste

An gesetzlichen Feiertagen sind öffentliche Einrichtungen und zum Teil auch Museen und archäologische Parks geschlossen.

Gesetzliche Feiertage (landesweit)

1. Januar: *Capo d'anno* (Neujahr)
6. Januar: *Epifania* (Heilige Drei Könige). Die Nacht vom 5. auf den 6. Januar spielt eine wichtige Rolle in den Kindergeschichten zur Weihnachtszeit. In italienischen Familien wird den Kleinen erzählt, dass dann die Befana, eine freundliche Hexe, auf ihrem Besen von Haus zu Haus fliegt und Geschenke bringt.
März/April: *Pasqua* (Ostern), der Ostermontag wird *Pasquetta* (das kleine Ostern) genannt.
25. April: *Liberazione,* Tag der Befreiung von der deutschen Besatzung im Zweiten Weltkrieg
1. Mai: *Festa del Lavoro* (Tag der Arbeit)
2. Juni: *Festa della Repubblica,* Nationalfeiertag (Tag der Gründung der Italienischen Republik im Jahr 1946
15. August: *Ferragosto/Assunzione SS.Vergine* (Mariä Himmelfahrt)
1. November: *Ognissanti* (Allerheiligen)
8. Dezember: *Immacolata Concezione* (Unbefleckte Empfängnis)
25. Dezember: *Natale* (Weihnachten)
26. Dezember: *Santo Stefano* (Fest des heiligen Stefan)

Patronatsfeste

Im katholischen Italien werden Gedenktage des oder der lokalen Schutzheiligen feierlich begangen. Über Termine und Veranstaltungen informieren die örtlichen Tourist Informationen. Zu den größten und eindrucksvollsten Patronatsfesten im Süden gehören die von Lecce (24.–27. August/

Sant'Oronzo), Taranto (8. Mai/San Cataldo), Bari (9. Mai und 6. Dez./San Nicola di Bari), Matera (2. Juli/Madonna della Bruna) und Molfetta (2. Woche im Sept., Madonna degli Martiri).

Prozessionen in der Karwoche und zu Ostern

Prozessionen in der Woche vor Ostern gibt es an vielen Orten, die meisten finden Karfreitag und Ostersonntag statt. Am Gründonnerstag lohnt die *processione dei Crociferi* in Noicattaro (Apulien); in Gallipoli ziehen am Gründonnerstag, Karfreitag und Ostersamstag eindrucksvolle Prozessionen durch die Straßen. Eine der größten und eindrucksvollsten Karfreitagsprozessionen findet in Taranto statt.

Festivals

Film, Theater, Tanz, Klassik, Jazz etc. – Festivals bereichern die Kulturlandschaft.

Die Statue des heiligen Sankt Nikolaus in der Basilica San Nicola in Bari

Anfang April: **Bari International Film Festival**, www.bifest.it

Mitte Juli/Anfang August: **Festival della Valle d'Itria**: Klassikveranstaltungen in Martina Franca, www.festivaldellavalleditria.it

Ende Juli: **Otranto Jazz Festival**, Otranto, otrantojazzfestival.it

Ende Juli/Mitte August: **Festival della Terra delle Gravine**, zeitgenössisches Theater und Musik, Region zwischen Matera und Taranto, *it-it.facebook.com/* terragravinefestival

Anfang August: **Pollino Music Festival**, San Severino Lucano (Basilikata)

Mitte August: **Lucania International Film Festival**, Marconia di Pisticci (Basilikata), www.lucania filmfestival.it

August (2./3. Woche): **La Notte della Taranta** mit traditioneller apulischer Tanzmusik in Lecce und anderen Orten des Salento, www.lanottedellataranta.it

Historien-Feste

Kostümspektakel halten mancherorts historische Ereignisse oder Legenden aus längst vergangenen Jahrhunderten im kollektiven Gedächtnis.

29. Mai, Potenza: **Parata (Sfilata) dei Turchi**, erinnert an die Errettung der Stadt vor einem osmanischen Eroberungsversuch, die der Legende nach bewaffneten Engeln zu verdanken ist.

8. Aug., Montescaglioso: **Cavalcata del Borbone** (Erinnerung an den Einzug des Bourbonenkönigs im Jahr 1735).

13./14. Aug., Otranto: **Festa dei Martiri Idruntini** (Fest zu Ehren der Märtyrer, die nach der osmanischen Eroberung Otrantos nicht ihrem christlichen Glauben abschwören wollten.)

Kulinarische Feste

Typisch für Italien sind *Sagre*, Feste, bei denen ein kulinarisches Produkt der Region im Mittelpunkt steht. Gegessen wird gemeinsam, an langen Tischen unter freiem Himmel, am liebsten bei Wein und Musik.

Ende Juli, Tropea: **Sagra della Cipolla Rossa** (rote Zwiebeln)

Ende Juli/Anfang Aug., Bagnara Calabra: **Gran Gala del Pesce Spada** (Schwertfisch).

Anfang Aug., Spilinga (bei Vibo Valentia): **'Nduja Festival** (lokale Wurstspezialität)

Anfang Aug., Zollino (bei Lecce): **Sagra dei Sceblasti** (pizzaähnliche Speise)

Anfang Aug., Ginestra (Basilikata): **Sagra dei piatti tipici dei Arbereshe** (Spezialitäten der albanischen Minderheit)

Mitte Aug., Gallipoli: **Sagra del Pesce Spada** (Schwertfisch)

Mitte Aug., Cisternino (Apulien): **Sagra delle Orecchiette** (Öhrchennudeln)

Sept.: Weinfeste in vielen Orten, z. B. Cisternino (Apulien), fast überall gehört ein kulturelles Begleitprogramm (Musik, Ausstellungen) dazu.

Ende Sept., Altomonte: **Gran Festa del Pane** (Brot)

Geld, Kreditkarten

Bargeld bekommt man unkompliziert an den Bankautomaten (bancomat) mit Maestro-Karte und PIN. Pro Auszahlung wird in der Regel eine Gebühr erhoben. Auch mit Kreditkarten kann man Geld am Geldautomaten abheben sowie in größeren Hotels und in den meisten Restaurants und Geschäften bezahlen. Bei Verlust der Karte (oder des Handys) kann man die jeweilige Verbindung über den zentralen, jederzeit erreichbaren Notruf ✆ (+49) 11 61 16 sperren lassen.

Rechnungen, Kassenzetttel und Quittungen (*conto, scontrino, ricevuta*) müssen nach dem Einkauf eine Zeit lang aufbewahrt

Cuzzupa, ein traditioneller kalabrischer Osterkuchen

und auf Verlangen der *Guardia della Finanza* (Steuerpolizei) vorgelegt werden. Seit 2015 dürfen nur noch Beträge unter 1000 Euro in bar gezahlt werden, größere Summen müssen per Kreditkarte oder Banküberweisung beglichen werden – mit dieser Maßnahme will der italienische Staat Geldwäsche und Steuerbetrug erschweren.

Hinweise für Menschen mit Handicap

Im Süden Italiens steckt die Entwicklung einer barrierefreien Infrastruktur vielerorts noch in den Kinderschuhen. Umso erfreulicher, dass sich immer mehr Anbieter von Ferienwohnungen und -häusern auf Gäste mit Handicap einstellen. Zu den wenigen Badeorten mit barrierefreiem Strandzugang gehört Torre del Orso südlich von Lecce, www.torredellorso.com. Weitere Infos im Netz:

www.turismosenzabarriere.it: allgemeine Infos, auch auf Deutsch

www.diversamenteagibile.it: Hier tauschen sich Menschen mit Behinderungen über ihre Erfahrungen mit diversen Urlaubsorten aus; nur auf Italienisch.

www.agriturismi.it: barrierefreie Agriturismo-Betriebe in allen Regionen; Häkchen in das Suchfeld »Zugang für Behinderte« setzen

salentu.com/vacanze-puglia/servizi/diversamente-abili.htm: Verzeichnis barrierefreier Unterkünfte im Salento (Südapulien)

Weitere nützliche Infos für die Reiseplanung kann man bei folgenden Stellen beziehen:

ℹ **Nationale Koordinationsstelle Tourismus für Alle e.V.**
Fleher Str. 317 A, 40223 Düsseldorf
✆ (02 11) 336 80 01
www.natko.de

ℹ **Mobility International Schweiz (MIS)**
Rötzmattweg 51, 4600 Olten
✆ 062 212 67 40, www.mis-ch.ch

Internet

In Hotels, B&Bs und Ferienhäusern können Gäste in der Regel über WLAN ins Internet. Immer mehr Anbieter stellen den Service kostenlos zur Verfügung.

Im Netz finden sich nützliche Infos über die Reiseregionen:
www.sonoitalia.de: Reisejournal der in Deutschland lebenden italienischen Journalistin Nicoletta Rossi mit Reisereportagen, Tipps
postausitalien.com: Amüsantes und Interessantes über das Stiefelland aus der Sicht des Wahl-Italieners Stefan Maiwald
sonne-wolken.de/europa/italien: Blog mit Reise- und kulinarischen Tipps
blogdiviaggi.com: Blog für Italienisch sprechende Italienfans – alle anderen können sich durch die Fotos inspirieren lassen
www.museionline.info und **www.beniculturali.it**: Aktuelle Informationen zu Museen, Ausstellungen und anderen Kulturprojekten
www.paesidelgusto.it und **www.movimentoturismovino.it**: Touristische und kulinarische Notizen zu Italien, Weinen und Weinproduzenten
www.parks.it: Regional- und Nationalparks Italiens
www.reise-nach-italien.de: Infos zu Städten, Landschaften, Geschichte, Politik, Wirtschaft und Gesellschaft

Klima, Kleidung, Reisezeit

In **Apulien** herrscht das typisch mediterrane Klima vor. An der Küste und in den ausgedehnten Ebenen wird es im Sommer sehr heiß, dabei weht meist ein leichter, trockener Wind, der die Hitze erträglicher macht. Besonders heiß wird es in der großen Ebene in der Provinz Foggia (Tavoliere), wo das Thermometer nicht selten auf über 40 Grad Celsius steigt. Den Kopf sollte man nicht nur am Strand vor der sengenden Sonne schützen! Die Winter in Apulien sind niederschlagsarm und mild, selten fallen die Temperaturen unter den Gefrierpunkt.

In der **Basilikata**, die in weiten Teilen im Landesinneren liegt, herrscht kontinentales Klima vor, mit warmen Sommern und kalten, schneereichen Wintern. Potenza, die Hauptstadt der Region, gehört zu den kältesten Städten Italiens. In den Wintermonaten sind Temperaturen von -10 bis -15 Grad Celsius keine Seltenheit.

Kalabrien gehört mit 320 Sonnentagen zu den sonnenreichsten Gebieten Europas, in Teilen aber auch zu den regenreichsten Gegenden des italienischen Südens. Ursache dafür ist der Apennin. Die Gebirgskette, die sich hinter der Tyrrhenischen Küste erhebt, steht den wolkenbringenden Westwinden im Wege. Hier regnen sich die Wolken ab, was auch den Waldreichtum der Gegend erklärt. An der Ionischen Küste, also im Süden und Osten Kalabriens, sind Niederschläge seltener.

Frühling und Herbst sind ideale Reisezeiten für Aktivurlauber und

Beliebt bei Sommergästen: Otranto mit seiner türkisblauen Küste

Kulturreisende. Im April verwandeln sich Bergwiesen in bunte Blütenteppiche und im Herbst leuchtet das Laub. Die Tage und vor allem die Nächte können im Frühling noch recht kühl sein, Fleecejacke und Regenschutz gehören ins Reisegepäck. Achten Sie auch darauf, dass ihre Unterkunft eine Heizung hat. Mit mittleren Tagestemperaturen von 22 bis 23 Grad Celsius sind Mai und Oktober ideale Wandermonate. Aber auch im Hochsommer ist es in den höhere Lagen (Pollino, Aspromonte) angenehm, besonders dort, wo man Wanderungen mit Aktivitäten wie Rafting oder Kanufahren verbinden kann.

Im Juni erreicht das Meer Badetemperaturen, die es bis Ende Oktober behält. Ab Mitte Juli wird es voll an Italiens Stränden, der Höhepunkt des sommerlichen Trubels ist Mitte August erreicht. Nicht nur die Temperaturen, auch die Übernachtungspreise liegen dann auf Höchstniveau. Viel entspannter geht es dann wieder im September in den Badeorten zu. Im Winter kann ein Wechsel zwischen den milden Küstenregionen und den Wintersportgebieten im bergigen Hinterland (z. B. bei Reggio Calabria) reizvoll sein, allerdings wirken viele der Badeorte zu dieser Jahreszeit recht trostlos, weil fast alle Hotels und Restaurants Ende Oktober schließen und ihre Türen erst Ostern wieder öffnen. Urlaubswetter im Internet: www.meteo.it, www.meteoitalia.it.

Medizinische Versorgung

Für die medizinische Erstversorgung sind die *Pronto-Soccorso*-Stationen (Erste Hilfe) zuständig, die man in größeren Orten findet oder die Unfallstationen der Krankenhäuser. In Urlaubsorten ist auch die *Guardia Medica Turistica* eine Anlaufstelle bei Verletzungen oder anderen Gesundheitsproblemen. Auch Apotheker sind kompetente Ansprechpartner, beraten bei akuten Beschwerden, zahlreiche Medikamente dürfen sie rezeptfrei verkaufen. Mit der **Europäischen Krankenversicherungskarte** einer gesetzlichen Krankenkasse hat man auch im EU-Ausland Anspruch auf Leistungen im akuten Krankheitsfall. Je nach Behandlung muss ein Teil der Kosten eventuell vor Ort beglichen

In San Giovanni Rotondo wird der 2002 heiliggesprochene Padre Pio verehrt

werden. Zu Hause kann man sich den Betrag von der eigenen Krankenkasse erstatten lassen. Da die Abrechnungssysteme und Honorarbestimmungen unterschiedlich sind, kann es trotzdem sein, dass man auf einem Teil der Kosten sitzen bleibt. Es empfiehlt sich daher unbedingt, eine zusätzliche Reisekrankenversicherung abzuschließen.

Apotheken (*farmacie*) sind werktags 8.30–12.30 und 16–20 Uhr geöffnet. Die Adressen der nächsten Bereitschaftsapotheken hängen an jeder Apotheke aus.

Mit Kindern in Süditalien

Spezielle Angebote für die Zielgruppe Eltern mit Kind/Kindern sind in Süditalien eher rar. Einem Urlaub, bei dem die Großen und die Kleinen gleichermaßen auf ihre Kosten kommen, steht trotzdem nichts im Wege. Ganz im Gegenteil – schließlich gibt es feinsandige Strände und Abenteuerkulissen zuhauf. Kinderfreundliche Küstenabschnitte mit breiten Stränden und geschützten Badebuchten finden sich am Gargano, im Salento, an der Ionischen Küsten und am Tyrrhenischen Meer bei Tropea, Pizzo, Diamante-Cirella und Maratea. Die *bandiera blu* (blaue Flagge) weht an Stränden mit überprüfter, ausgezeichneter Badewasserqualität, welche Orte sich mit diesem Gütesiegel schmücken können, erfährt man unter www.greenme.it.

Unzählige Kastelle können besichtigt und von kleinen Rittern »erobert« werden. Auch der Besuch von Archäologischen Museen oder Ausgrabungsgeländen kann durchaus zum Abenteuer werden, wenn man dem Nachwuchs die Antike zuvor mit einem Sagenbuch »schmackhaft« gemacht hat. Für Kinder interessant gestaltet ist z. B. das **Archäologische Museum von Bari** ➡ aC/D5.

Zu den Orten, die die Fantasie beflügeln, gehören Tropfsteinhöhlen, etwa **Castellana Grotte** in Apulien (vgl. S. 30 f.), die schönste Karstgrotte Italiens. Im Allgemeinen kommen auch Dinos bei den Kleinen gut an. Saurier in Originalgröße, in Kunstharz gegossen, lassen sich im Parco dei Dinosauri bei Castellana Grotte bestaunen. In **Fasano**, ebenfalls Apulien, kann man auf Safari gehen und geschützt hinter der Autofensterscheibe Löwen, Giraffen, Nashörnern etc. begegnen (vgl. S. 27).

Rafting-Touren auf dem Fluss Lao (vgl. S. 57) in Kalabrien können unter Beachtung aller Sicherheitsbestimmungen mit Kindern ab acht Jahren unternommen werden.

Nachtleben

In den größeren Badeorten sorgen Beachclubs mit Livemusik und Drinks im Sommer für Stimmung nach Sonnenuntergang. In der übrigen Zeit haben lediglich die großen Städte ein nennenswertes Nachtleben mit Kinos, Theatern, Musik-Clubs und Bars zu bieten.

Naturschutzgebiete, Parks

Der **Parco del Gargano** ➡ A4/5 (vgl. S. 20) wurde 1995 als erster Nationalpark in Apulien eingerichtet, 2004 folgte der Naturpark **Alta Murgia** zwischen Andria und Altamura. Wichtige Küsten- und Meeresschutzgebiete sind die **Tremiti-Inseln** (vgl. S. 21), die Salinen von Margherita di Savoia ➡ B5, Torre Guaceto ➡ C8 zwischen Bari und Brindisi, Le Cesine ➡ D9, im Salento, Porto Selvaggio bei Gallipoli ➡ D8.

Die Basilikata besitzt mit dem **Parco delle Chiesi Rupestri della Murgia Materana** ➡ C6 (vgl. S. 19) und dem **Parco Gallipoli Cognato Piccole Dolomiti** ➡ C/D5 (vgl. S. 19) besuchenswerte Naturschutzgebiete. 2006 wurde auch der Parco Nazionale del Appennino Lucano ➡ D5 eingerichtet, auf Erdölförderung im Val d' Agri verzichtet man hier aber nicht. Den herrlichen **Parco Nazionale del Pollino** ➡ D5–E6 »teilen« sich die Regionen Basilikata und Kalabrien. Kalabrien hat zudem noch den **Parco della Sila** ➡ F/G6 (vgl. S. 54) und den **Parco dell'Aspromonte** ➡ H/J5 (vgl. S. 63) als Naturschutzgebiete ausgewiesen. Ein sehr reizvoller Küstenabschnitt steht mit der **Riserva Marina di Capo Rizzuto** ➡ G7 (vgl. S. 59) unter Schutz.

Schützenswerte Flora und Fauna im Parco del Gargano

Auf der Halbinsel Promontorio del Gargano laufen Rinder, Ziegen und Schafe frei herum

Notfälle, wichtige Rufnummern

Allgemeiner Notruf, europaweit ✆ 112
Ärztlicher Notruf, Notarzt und Krankenwagen ✆ 118
Feuerwehr (Vigili del fuoco) ✆ 115
See- und Küstennotruf ✆ 15 30
ACI (kostenpflichtiger Pannendienst des italienischen Automobilclubs) ✆ 80 31 16
ADAC-Notruf (Fahrzeugschaden) ✆ +49 89 22 22 22
ADAC-Ambulanzdienst ✆ +49 89 76 76 76
Zentraler Kartensperrnotruf ✆ +49 116 116

Öffnungszeiten

Banken haben im Allgemeinen 8.30–13.30 und 15–16 bzw. 16–17 Uhr geöffnet. Geschäfte öffnen in der Regel Mo–Fr 8.30–12.30 und 15.30–19.30/20 Uhr. In den Fußgängerzonen größerer Orte haben viele auch bis 22 Uhr geöffnet. Lebensmittelgeschäfte öffnen auch am Sonntagvormittag. Restaurants bieten ihren Service mittags ca. 12.30–15.30 und dann wieder am Abend ab 19 oder 20 Uhr an.

In den Höhlen von Matera

Post, Briefmarken

Postämter haben Mo–Sa 8.20–13.20 Uhr geöffnet, Hauptpostämter bieten ihre Dienste durchgehend Mo–Fr bis 18/19 und Sa 8.20–12.30 Uhr an. *Francobolli* (Briefmarken) gibt es auch in den *tabacchi* (Bars, die Zigaretten verkaufen, mit T-Schild gekennzeichnet).

Presse

Deutschsprachige Tages- und Wochenzeitungen gibt es in den Ferienorten und in den Hauptstädten der Regionen meist am Tag des Erscheinens oder einen Tag später. Auch ohne Italienischkenntnisse sind die Wochenendausgaben regionaler Tageszeitungen nützlich, hier finden sich Veranstaltungskalender, Adressen der Ärztlichen Notdienste, Bereitschaftsapotheken, zum Teil auch Fahrpläne von Bahnen, Bussen und Fähren. Größere Hotels bieten in der Regel Satelliten-TV.

Rauchen

Rauchen ist in Krankenhäusern, öffentlichen Gebäuden und in den öffentlichen Verkehrsmitteln generell verboten. In Bars und Restaurants darf nur geraucht werden, wenn gekennzeichnete Raucherzonen mit separater Lüftung eingerichtet sind.

Sicherheit

Süditalien ist für Touristen kein besonders unsicheres Pflaster. Beherzigen sollte man die üblichen Sicherheitsregeln: Wertvollen Schmuck zu Hause lassen, Geld und Kreditkarten am Körper tragen – nicht in der Hosen- oder Handtasche. Wertsachen nicht

Neben der Altstadt bei Touristen äußerst beliebt: der Strand von Tropea

offen im Auto liegen lassen, das Auto in größeren Städten möglichst auf einem bewachten Parkplatz oder im Parkhaus abstellen. Einen Diebstahl sollten Sie bei der örtlichen Polizei (*Carabinieri*) zu Protokoll geben, so haben Sie ein Dokument in der Hand, das Sie Ihrer Reisegepäckversicherung vorlegen können.

Sport und Erholung

Baden

Sand- und Kiesstrände, windgeschützte Buchten, Dünenstrände, felsige Caps – 1600 Küstenkilometer und drei Meere bieten unterschiedlichste Badeplätze, für den Badeurlaub mit Kindern eignen sich die Sandstrände an der Adria und am Ionischen Meer, die Strände am Capo Vaticano und in Tropea. Über die Wasserqualität informiert u. a. www.legambiente.com.

Golf

Apulien empfiehlt sich mit gepflegten 18-Loch-Anlagen als veritable Golf-Destination. Empfehlenswert sind die Plätze von Borgo Egnazia (Provinz Bari), bei Acaia (bei Lecce) und Castellaneta Marina am Golf von Tarent. In der Basilikata können Golfer bei Metaponto aktiv werden, in Kalabrien gibt es eine charmante 9-Loch-Anlage bei Cetraro.

Fahrrad fahren

Das flache bzw. leicht hügelige Apulien bietet das richtige Terrain für leichtes Genussradeln, Kalabrien und die Basilikata sprechen mit Berg- und Serpentinenstraßen eher die sportlichen Radler an. Einige Reiseveranstalter bieten geführten Radtouren an. (z. B. Wikinger, www.wikinger-reisen.de).

Reiten

Viele Agriturismi halten Pferde und organisieren Reitausflüge. Ideales Reiterterrain in Apulien: Gargano und Murgia, in der Basilikata: Pollino, Kalabrien: Pollino und Sila.

Trekking/Wandern

Schön wandern kann man in den Nationalparks (vgl. Naturschutzgebiete, Parks). Die Wegemarkierung steckt mancherorts allerdings noch in den Kinderschuhen. Nützliches Kartenmaterial bekommt man in den Besucherzentren der Parks, die auch Guides für begleitete Touren vermitteln.

Wassersport
Die Tremiti-Inseln sind die besten Tauchspots an der Adria, faszinierende Reviere gibt es auch bei Otranto, Porto Cesereo, am Tyrrhenischen Meer bei Scilla und an der Costa dei Cedri sowie an der Costa di Maratea. Wind- und Kitesurfer kommen am Gargano zwischen Peschici und Vieste und im Salento auf Höhe der Alimini-Küstenseen auf ihre Kosten, ebenso vor Scilla und Tropea.

Strom

Ganz Italien hat eine Spannung von 220 Volt Wechselstrom. Flache Eurostecker passen in neueren Anlagen, ansonsten trifft man auf dreilöchrige Steckdosen, für die man eine *spina di addatamento* (Adapter) braucht, erhältlich in Elektrogeschäften.

Telefonieren

Das Handy (cellulare) wählt sich jeweils ins stärkste der italienischen Handynetze ein. Die Roaming-Gebühren sind in der EU seit 2017 abgeschafft.

Für Verbindungen aus dem Ausland nach Italien wählt man die ✆ +39 und die Ortswahlnummer samt der Null. Auch bei innerörtlichen Gesprächen wird in Italien die vollständige Ortswahl mitgewählt!

Vorwahl von Italien nach Deutschland ✆ +49 und Ortswahl ohne Null; in die Schweiz ✆ +41 und Ortswahl ohne Null; nach Österreich ✆ +43 und Ortswahl ohne Null.

Trinkgeld

Es ist nicht üblich, Rechnungsbeträge aufzurunden. Der Kellner bringt ein kleines Tablett mit dem Wechselgeld zurück und der Gast lässt, sofern er zufrieden war, beim Verlassen des Lokals einen kleinen Betrag darauf zurück. Fünf bis zehn Prozent sind angemessen. Zum guten Stil gehört es auch, dem Servicepersonal im Hotel ein Trinkgeld zukommen zu lassen.

Unterkunft

Apulien ist berühmt für seine **Masserie**, meist luxuriös hergerichtete Gutshäuser mit individuellem Charakter. Kostengünstigere Hotels findet man in den Badeorten. Die Basilikata – Matera mit seinen wunderbaren Hotels in der Altstadt ausgenommen – und Kalabrien haben eine weniger ausgeprägte Hotellandschaft. Größere Hotels lassen mitunter jeglichen Charme vermissen, als Alternative bieten sich vielerorts **B&Bs** an, oftmals wohnt man dort in wunderschön renovierten Altstadt-Bürgerhäusern oder Adelspalästen. In den ländlichen Regionen bieten **Agriturismo-Betriebe** die italienische Variante von Urlaub auf dem Bauernhof an. Adressen unter www.agriturismi.it.

Verkehrsmittel

Busse und Bahnen sind auch in Italien eine Alternative zum Auto. Bahnfahren ist im Vergleich zu Deutschland relativ preisgünstig.

Trenitalia
www.trenitalia.com
Die langen Strecken von den Metropolen des Nordens in die des Südens werden von der staatlichen Bahngesellschaft bedient.

Ferrovie del Sud Est
www.fseonline.it
Im Süden Apuliens bietet die private Bahngesellschaft Verbindungen an, z. B. Lecce–Gallipoli, Lecce–Otranto, Bari–Putignano.

Ferrovie del Gargano
de-de.facebook.com/fergargano
Die Gargano-Region wird von der privaten Gesellschaft bedient.

Ferrovie Appulo-Lucane
www.ferrovieappulolucane.it
Zwischen Apulien und der Basilikata bestehen ab Bari oder Altamura regelmäßige Bahnverbindungen nach Matera und Potenza (über Irsina und Acerenza).

Ferrovie della Calabria
www.ferroviedellacalabria.it
Bus- und Bahnverbindungen innerhalb Kalabriens.

Italybus
www.italybus.it
Überregionale Bustransfers zwischen größeren Städten, man sucht durch Eingabe von *località di partenza* (Abfahrtsort) und *località d'arrivo* (Zielort).

Sita Sud
www.sitasudtrasporti.it
Busverbindungen in den Provinzen Bari, Foggia, Matera, Potenza.

Saj
Verbindungen zwischen Cosenza und anderen Orten an der Ionischen Küste.

IAS Autolinee
www.iasautolinee.com
Kalabrienweite Busverbindungen.

Traghetti Lines
www.traghettilines.it.
Ganzjährige Fährverbindungen zwischen Termoli und **Tremiti-Inseln**. Zwischen Letzteren und den Küstenorten des Gargano pendeln Fähren von Juni bis September.

Zeitzone

Italien liegt in der Mitteleuropäischen Zeitzone (MEZ). Ende März bis Ende Oktober gilt die Mitteleuropäische Sommerzeit (MESZ).

Zoll

Innerhalb der Europäischen Union ist der Warenverkehr für den Privatbedarf weitgehend zollfrei. Zur Abgrenzung zwischen privater und gewerblicher Verwendung gelten bestimmte Höchstmengen: 800 Zigaretten, 400 Zigarillos, 200 Zigarren, 1 Kilogramm Tabak, 10 Liter Spirituosen, 20 Liter Zwischenerzeugnisse, 90 Liter Wein (davon max. 60 l Schaumwein) und 110 Liter Bier. Weitere Infos unter: www.zoll.de. ■

Bepflanzter Innenhof in der Stadt Gallipolli

Die wichtigsten Wörter für unterwegs

Buon giorno! Wer kennt diese Begrüßung nicht? Sie wird in Italien bis 12 Uhr mittags verwendet, danach sagt man schon *buona sera*. Beides sind sehr höfliche Ausdrücke, sie werden überall da benutzt, wo gesiezt wird. *Ciao* ist Begrüßung ebenso wie Verabschiedung, wird aber nur verwendet, wenn man sich nahe steht.

Wenn Sie ein öffentliches Lokal oder Büro verlassen, sagen Sie besser *arrivederci* oder *buon giorno* bzw. *buona sera*. *Buona notte* sagt man dann, wenn man sich verabschiedet, um ins Bett zu gehen.

Wenn Sie eine Wohnung betreten, auch beim Besuch guter Bekannter, sollten Sie immer *permesso* (gestatten) rufen und warten bis die Antwort kommt: *avanti* (herein).

Keine Panik, wenn Sie befürchten, zwar eine Frage stellen zu können, die Antwort aber nicht verstehen – Italiener haben eine sehr ausgeprägte Körpersprache. Im Übrigen wissen Sie ja: *Sì* heißt ja, *no* nein. Und vergessen Sie nicht, sich zu bedanken – *grazie!*

Alltag, Umgangsformen

Buon giorno!	Guten Tag!
Buona sera!	Guten Abend!
Buona notte!	Gute Nacht!
Ciao!	Hallo!
Come stai?	Wie geht es dir?
Come sta?	Wie geht es Ihnen?
Arrivederci!	Auf Wiedersehen!
Buon viaggio!	Gute Reise!
Ciao!	Tschüss!
A presto!	Bis bald!
A domani!	Bis morgen!
Molto piacere di averti conosciuto.	Schön, dich kennengelernt zu haben.
sì/ no/ forse	ja/nein/vielleicht
Mi chiamo …	Ich heiße …
Come ti chiami?	Wie heißt du?
Come si chiama?	Wie heißen Sie?
Scusi!	Entschuldigen Sie!
Grazie mille!	Vielen Dank!
Prego!	Bitte schön!/-Keine Ursache!

Übrigens: In Italien gibt es zwei Ausdrücke für »bitte«: *per favore* und *prego*. Bitten Sie jemanden um eine Gefälligkeit, verwenden Sie *per favore*. Ansonsten heißt es *prego*.

Falls Sie nicht alles verstehen (zugegeben: die Italiener sprechen ganz schön schnell), können Sie sagen: *Non ho capito. Per favore, parli più lentamente.* Wenn auch das nichts hilft, bleibt noch die Möglichkeit, sich das Gesagte aufschreiben zu lassen: *Me lo scriva, per favore.*

Autofahren

Sollten Sie mit dem Auto unterwegs sein, können Sie die folgenden Vokabeln sicher gut gebrauchen, an jeder Tankstelle und im alltäglichen Straßenverkehr. Und falls Sie mal eine Werkstatt nötig haben …

Was auf Straßenschildern steht

lavori in corso	Bauarbeiten
deviazione	Umleitung
pedaggio autostradale	Autobahngebühr
strada senza uscita	Sackgasse
senso unico	Einbahnstraße
il divieto di parcheggio	Parkverbot
zona disco	Parken mit Parkscheibe
attenzione uscita veicoli	Vorsicht Ausfahrt
tornante	Kurve

Rund ums Auto

La mia macchina è stata forzata.	Mein Auto ist aufgebrochen worden.
Mi hanno rubato …	Man hat mir … gestohlen.
Mi dia il Suo nome e il Suo indirizzo/ il nome	Geben Sie mir bitte Ihren Namen und Ihre An-

della Sua assicurazione, per favore.	schrift/Ihre Versicherung an.
Mi occorre una copia della denuncia per la mia assicurazione.	Ich brauche eine Kopie der Anzeige für meine Versicherung.
Non è colpa mia.	Es ist nicht meine Schuld.
Lei andava troppo forte.	Sie sind zu schnell gefahren.
la patente	Führerschein
I Suoi documenti, per favore.	Ihre Papiere, bitte.
Lei non ha rispettato la precedenza.	Sie haben die Vorfahrt nicht beachtet.
Lei non ha mantenuto la distanza di sicurezza.	Sie sind zu dicht aufgefahren.
Andavo a … chilometri all'ora.	Ich bin ... km/h gefahren.
l'autostrada	Autobahn
l'incrocio	Kreuzung
il semaforo	Ampel
il parcheggio	Parkplatz
il parchimetro	Parkuhr
il distributore automatico di biglietti per il parcheggio	Parkscheinautomat
Posso parcheggiare qui?	Kann ich hier parken?
la cintura di sicurezza	Sicherheitsgurt
il distributore	Tankstelle
la benzina	Benzin
senza piombo	bleifrei
il gasolio	Diesel
Il pieno, per favore.	Volltanken, bitte.
Per favore, controlli la pressione delle gomme.	Prüfen Sie bitte den Reifendruck.
andare	fahren
sorpassare	überholen
voltare	wenden
a destra/a sinistra/ sempre diritto	rechts/links/geradeaus
attraversare	überqueren
l'ammenda	Bußgeld
la pianta della città	Stadtplan
la sicurezza	Sicherheit
l'ingorgo	Stau

In officina	**In der Werkstatt**
Ho avuto un incidente.	Ich habe einen Unfall gehabt.
Ho un guasto.	Ich habe eine Panne.
Ho una gomma a terra.	Ich habe einen Platten.
La macchina non parte.	Mein Wagen springt nicht an.
La batteria è scarica.	Die Batterie ist leer.
I freni non sono a posto.	Die Bremsen funktionieren nicht.
l'officina	Werkstatt
l'olio del motore	Motoröl
il cambio dell'olio	Ölwechsel
il motore	Motor
il cambio	Getriebe
la candela	Zündkerze
il parafango	Kotflügel
il carburatore	Vergaser
la freccia	Blinker
la ruota	Reifen
il motorino d'avviamento	Anlasser
il tergicristallo	Scheibenwischer
il parabrezza	Windschutzscheibe
il faro	Scheinwerfer
il radiatore	Kühler

Einkaufen

Quanto costa?	Wieviel kostet das?
i soldi	Geld
la cassa	Kasse
spendere	ausgeben
pagare	bezahlen
l'offerta speciale	Sonderangebot
vendere	verkaufen
la vetrina	Schaufenster
Un po' di meno, per favore.	Etwas weniger, bitte.
Un po' di più, per favore.	Etwas mehr, bitte.
più piccolo/ più grande	kleiner/größer
Dove posso trovare …?	Wo bekomme ich …?
Vorrei …	Ich hätte gerne …
Per favore, mi dia un pacco di …	Geben Sie mir bitte eine Packung …
Per favore, mi faccia vedere …	Zeigen Sie mir bitte …
Dica, prego!	Bitte schön! (Sie wünschen?)
Posso aiutarLa?	Kann ich Ihnen helfen?
Lo posso provare?	Kann ich das anprobieren?
Accetta carte di credito?	Nehmen Sie Kreditkarten?
Vorrei qualcosa di meno caro.	Ich hätte gerne etwas Billigeres.
troppo caro	zu teuer
Ho la taglia …	Ich habe Größe …
Ha anche la taglia …?	Haben Sie das auch in Größe …?
È troppo grande/	Das ist zu

piccolo.	groß/klein.
la svendita	Ausverkauf
la camicia	Hemd
i pantaloni	Hose
il cappotto	Mantel
la gonna	Rock
il vestito	Kleid
il collant	Strumpfhose
le calze	Strümpfe
il blazer	Blazer
la giacca	Jacke
il foulard	Halstuch

Colori	**Farben**
scuro	dunkel
chiaro	hell
blu	blau
marrone	braun
giallo	gelb
rosso	rot
verde	grün
nero	schwarz
bianco	weiß
grigio	grau

Essen und Trinken

Wo bekommt man's	
la panetteria	Bäckerei
la pasticceria	Konditorei
la macelleria	Fleischerei
il negozio	Geschäft
il mercato	Markt
l'alimentari	Lebensmittelgeschäft
il supermercato	Supermarkt

Al ristorante	**Im Restaurant**
Scusi, c'è un buon ristorante?	Wo gibt es hier ein gutes Restaurant?
Un tavolo per … persone, per favore.	Einen Tisch für … Personen, bitte.
È libero questo tavolo?	Ist dieser Tisch noch frei?
Dov'è il bagno, per favore?	Wo sind bitte die Toiletten?
Per di qui, prego.	Hier entlang, bitte.
Cameriere, il menu, per favore.	Herr Ober/Bedienung, die Speisekarte, bitte.
la lista delle bevande	Getränkekarte
la lista dei vini	Weinkarte
Che cosa mi consiglia?	Was können Sie mir empfehlen?
Avete piatti vegetariani?	Haben Sie vegetarische Gerichte?
Prendo …	Ich nehme …
Per antipasto/dessert/secondo prendo ...	Als Vorspeise/Nachtisch/Hauptgericht nehme ich ...
Per favore, un bicchiere di …	Bitte ein Glas …
Buon appetito!	Guten Appetit!
Alla salute!	Zum Wohl!
Vorrei una tazza di caffè.	Ich möchte eine Tasse Kaffee.
Il conto, per favore.	Die Rechnung, bitte.
Conti separati, per favore.	Wir möchten getrennt bezahlen.
Tutto un conto, per favore.	Alles zusammen, bitte.
Vorrei la ricevuta.	Ich möchte bitte eine Quittung.
È stato di Vostro gradimento?	Hat es Ihnen geschmeckt?
Grazie, era davvero molto buono.	Danke, sehr gut.
La riporti indietro, per favore.	Bitte nehmen Sie es zurück.
mangiare	essen
bere	trinken
l'acqua minerale	Mineralwasser
naturale	ohne Kohlensäure
gassata	mit Kohlensäure
il vino	Wein
la birra	Bier
il bicchiere	Glas
la bottiglia	Flasche

Pesce	**Fisch**
frutti di mare	Meeresfrüchte
cozze	Miesmuscheln
gamberetti	Garnelen
granchio	Krabbe
calamari	Tintenfische
carpa	Karpfen
sogliola	Seezunge
salmone	Lachs
tonno	Thunfisch
trota	Forelle

Carni	**Fleisch**
gallina	Huhn
pollo	Hähnchen
anatra	Ente
scaloppine	kleine Schnitzel
saltimbocca	Kalbsschnitzel
tacchino	Truthahn
fagiano	Fasan
frattaglie	Innereien
polpette	Fleischklößchen
bistecca	Steak
braciola	Rumpsteak
fegato	Leber
montone	Hammel
vitello	Kalbfleisch
agnello	Lammfleisch

Pasta	**Nudelgerichte**
Pasta al burro	mit Butter
Pasta al pomodoro/sugo	mit Tomatensauce

Pasta all'arrabbiata	mit Tomatensoße und Chili
Pasta al ragù	mit Bolognesesoße
Pasta alla carbonara	mit Ei und Bauchspeck
Pasta alla panna	mit Sahne
Pasta alla vongole	mit Venusmuscheln
penne	kurze Nudeln
tagliatelle	Bandnudeln
vermicelli	Fadennudeln
lasagne	Teigblätter mit Fleischsauce, überbacken

Verdura	**Gemüse**
gli sparagi	Spargel
gli spinaci	Spinat
le carote	Karotten
i fagioli	Bohnen
i piselli	Erbsen
le patate	Kartoffeln
l'insalata	Salat
il pomodoro	Tomate
il cetriolo	Gurke
gli zucchini	Zucchini
il cavolfiore	Blumenkohl
la cipolla	Zwiebel
le verdure crude	Rohkost

Frutta	**Obst**
la mela	Apfel
la pera	Birne
le fragole	Erdbeeren
le ciliege	Kirschen
il melone	Melone
la pesca	Pfirsich
l'albicocca	Aprikose
il pompelmo	Pampelmuse
la banana	Banane
le prugne	Pflaumen
il limone	Zitrone
l'arancia	Apfelsine
l'uva	Weintrauben

Modi di cottura	**Zubereitungsarten**
a vapore	gedämpft
arrosto	gebraten
al forno	gebacken
fritto	fritiert
alla brace	gegrillt
al cartaccio	in der Folie gebacken
gratinato	überbacken

Un mucchio di altre cose	**Was es sonst noch gibt**
il latte	Milch
la panna	Sahne
il formaggio	Käse
lo yogurt	Joghurt
le uova	Eier
il burro	Butter
le spezie	Gewürze
l'aglio	Knoblauch
il sale	Salz
il pepe	Pfeffer
lo zucchero	Zucker
l'aceto	Essig
l'olio	Öl
il miele	Honig
il gelato	Speiseeis

Dal panettiere	**Beim Bäcker**
il pane	Brot
il pane misto di segale e frumento	Graubrot
il pane nero	Schwarzbrot
il pane bianco	Weißbrot
i biscotti	Gebäck
la torta	Torte

Kosmetik, Presse, Öffentliche Verkehrsmittel

Was Sie zur Körperpflege brauchen

lo spazzolino da denti	Zahnbürste
il dentifricio	Zahnpasta
il cotone idrofilo	Watte
la crema da barba	Rasiercreme
le lamette	Rasierklingen
i fazzoletti	Taschentücher
il pettine	Kamm
il rossetto	Lippenstift
la saponetta	Seife
l'asciugacapelli	Haartrockner
l'asciugamano	Handtuch
lo shampoo	Haarwaschmittel

All'edicola	**Im Zeitschriftenladen**
il giornale	Zeitung
la rivista	Zeitschrift
Vorrei un giornale tedesco.	Ich hätte gerne eine deutsche Zeitung.
la carta	Papier
la busta	Briefumschlag
la penna a sfera	Kugelschreiber

Mezzi di trasporto	**Öffentliche Verkehrsmittel**
il treno	Zug
la stazione	Bahnhof
l'autobus	Bus
l'aereo	Flugzeug
l'aeroporto	Flughafen
la nave	Schiff
il porto	Hafen
il traghetto	Fähre
Quando parte il prossimo …?	Wann fährt der nächste …?
… l'ultimo …?	… der letzte…?
un biglietto	Fahrkarte
partenza	Abfahrt
arrivo	Ankunft

uscita	Ausgang
entrata	Eingang
ritardo	Verspätung

Assistenza medica Medizinische Versorgung

Dal medico	**Beim Arzt**
il medico	Arzt
il dentista	Zahnarzt
Ho mal di gola.	Ich habe Halsschmerzen.
Non mi sento bene.	Ich fühle mich nicht wohl.
Mio marito/mia moglie sta male.	Mein Mann/meine Frau ist krank.
Ho fatto un'indigestione.	Ich habe mir den Magen verdorben.
Sono molto raffreddato/a.	Ich bin stark erkältet.
Sono al ... mese di gravidanza.	Ich bin im ... Monat schwanger.
Ho la pressione alta/bassa.	Ich habe einen hohen/niedrigen Blutdruck.
Ho dei dolori qui.	Hier habe ich Schmerzen.
Non sopporto bene questo clima.	Ich vertrage dieses Klima nicht.
Mi sono ferito/a.	Ich habe mich verletzt.

il braccio	Arm
il malleolo	Knöchel
il cuore	Herz
il dente	Zahn
il ginocchio	Knie
la gamba	Bein
la mano	Hand
il naso	Nase
l'occhio	Auge
l'orecchio	Ohr
la pelle	Haut
il piede	Fuß
la testa	Kopf

la diarrea	Durchfall
il vomito	Erbrechen
la nausea	Brechreiz
la tosse	Husten
il mal di testa	Kopfschmerzen
i disturbi circolatori	Kreislaufstörungen
la lombaggine	Hexenschuss
la scottatura	Sonnenbrand
le vertigini	Schwindel
la pomata	Salbe
la compressa	Tablette
il sonnifero	Schlaftabletten
le gocce	Tropfen
l'analgesico	Schmerzmittel
le bende	Verbandszeug

Wo? Wie? Was? – Orientierung

Wie man nach dem Weg fragt (und die Antwort versteht)

Scusi, dov'è ...?	Entschuldigung, wo ist ...?
Come si arriva a ...?	Wie komme ich nach ...?
Come si arriva nel modo più veloce alla stazione?	Wie komme ich am schnellsten zum Bahnhof?
Sempre diritto.	Geradeaus.
A destra.	Nach rechts.
A sinistra.	Nach links.
È questa la strada per ...?	Ist das die Straße nach ...?

Welche Sehenswürdigkeiten gibt es in der Stadt

il ponte	Brücke
il castello	Schloss
l'anfiteatro	Amphitheater
la fontana	Brunnen
il monumento	Denkmal
il fiume	Fluss
la chiesa	Kirche
il museo	Museum
il municipio	Rathaus
le rovine	Ruine
la cappella	Kapelle
il palazzo	Palast

Telefonare, Internet Telefonieren, Internet

Dove posso comprare una carta telefonica?	Wo bekomme ich eine Telefonkarte?
Qual è il prefisso di ...?	Wie ist die Vorwahl von ...?
Non risponde nessuno.	Es meldet sich niemand.
Provi ancora una volta.	Versuchen Sie es noch einmal.

Ha il Wi-Fi?	Haben Sie WLAN?
Non ho campo.	Ich habe kein Signal.
password Wi-Fi	WLAN-Passwort
la stampante	Drucker
l'allegato	Anhang
aggiornare	aktualisieren
scaricare	herunterladen
collegarsi a	sich verbinden mit
la chiocciola	At-Zeichen (@)
caricare la batteria	Akku aufladen

La camera Unterkunft

Mi saprebbe dire dove posso trovare una camera?	Wissen Sie, wo ich hier ein Zimmer finden kann?

Cerco un alloggio.	Ich suche eine Unterkunft.
Quanto costa?	Wieviel kostet es?
Mi può fare una prenotazione?	Können Sie für mich dort reservieren?
È lontano da qui?	Ist es weit von hier?
Come ci si arriva?	Wie kommt man dorthin?
Avete una camera doppia/singola libera?	Haben Sie ein Doppelzimmer/Einzelzimmer frei?
Posso vedere la camera?	Kann ich das Zimmer ansehen?
Si può aggiungere un lettino per bambini?	Können Sie ein Kinderbett aufstellen?
il lavandino	Waschbecken
con doccia e WC	mit Dusche und WC
il frigorifero	Kühlschrank
Partiamo domattina.	Wir reisen morgen früh ab.
Prepari il conto, per favore.	Machen Sie bitte die Rechnung fertig.
Mi chiama un taxi, per favore?	Können Sie mir bitte ein Taxi rufen?
il campeggio	Campingplatz
la tenda	Zelt

Il tempo — Wetter

Che tempo farà oggi?	Wie wird das Wetter heute?
Ha già sentito le previsioni del tempo?	Haben Sie schon den Wetterbericht gehört?
Fa/Farà caldo.	Es ist/wird warm.
molto caldo	heiß
freddo/fresco	kalt/kühl
C'è afa/tempesta.	Es ist schwül/stürmisch.
Quanti gradi ci sono?	Wieviel Grad haben wir?
il temporale	Gewitter
il caldo/la pioggia/il sole	Hitze/Regen/Sonne
il vento/la nuvola	Wind/Wolke

I numeri — Zahlen

uno	eins
due	zwei
tre	drei
quattro	vier
cinque	fünf
sei	sechs
sette	sieben
otto	acht
nove	neun
dieci	zehn
undici	elf
dodici	zwölf
tredici	dreizehn
quattordici	vierzehn
quindici	fünfzehn
sedici	sechzehn
diciassette	siebzehn
diciotto	achtzehn
diciannove	neunzehn
venti	zwanzig
trenta	dreißig
quaranta	vierzig
cinquanta	fünfzig
sessanta	sechzig
settanta	siebzig
ottanta	achtzig
novanta	neunzig
cento	hundert
mille	tausend
duemila	zweitausend

L'ora/Il calendario — Zeitangaben, Kalender

Che ore sono?	Wie spät ist es?
Sono le …	Es ist …
adesso	im Moment
oggi	heute
ieri/l'altro ieri	gestern/vorgestern
domani/dopodomani	morgen/übermorgen
di mattina/di pomeriggio/di sera	vormittags/nachmittags/abends
giorno	Tag
settimana	Woche
mese	Monat
anno	Jahr
lunedì	Montag
martedì	Dienstag
mercoledì	Mittwoch
giovedì	Donnerstag
venerdì	Freitag
sabato	Samstag
domenica	Sonntag
gennaio	Januar
febbraio	Februar
marzo	März
aprile	April
maggio	Mai
giugno	Juni
luglio	Juli
agosto	August
settembre	September
ottobre	Oktober
novembre	November
dicembre	Dezember

Die **fetten** Hervorhebungen verweisen auf ausführliche Erwähnungen, *kursiv* gesetzte Begriffe und Seitenzahlen beziehen sich auf den Service.